ÉTUDE

SUR

PIERRE DANIEL

ÉTUDE LITTÉRAIRE & HISTORIQUE

SUR

PIERRE DANIEL

D'ORLÉANS

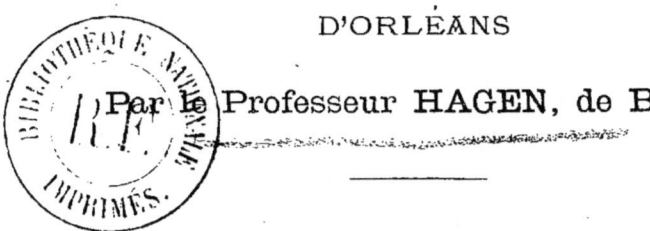

Par le Professeur HAGEN, de Berne

TRADUIT DE L'ALLEMAND

Par PAUL DE FÉLICE, Pasteur

AVEC UNE INTRODUCTION ET UN APPENDICE

——»>x«<——

ORLÉANS

H. HERLUISON, LIBRAIRE-ÉDITEUR, RUE JEANNE-D'ARC, 17

—

1876

INTRODUCTION

Cuique suum.

Occupé depuis quelque temps déjà de recherches sur le Protestantisme Orléanais au XVI° siècle, nous avions naturellement rencontré des citations se rapportant à la collection Bongars, de Berne ; et c'est en prenant des informations sur la valeur historique de cette collection, à notre point de vue spécial, que nous avons eu le privilége d'entrer en rapports directs avec M. Hagen, professeur de philologie classique dans l'Université de la capitale politique de la Suisse. M. Hagen, dont nous ne saurions trop louer ici la bienveillance à notre égard, a écrit la biographie de Pierre Daniel en 1873 ; celle de Jacques de Bongars en 1874 ; enfin, il vient de terminer un catalogue analytique et complet des manuscrits provenant de la bibliothèque de ces deux hommes, et que la ville de Berne a le bonheur de posséder.

Tout en nous réservant de profiter, en temps opportun, des deux biographies que M. le professeur Hagen avait bien voulu nous envoyer, nous n'avions point pensé à traduire l'une ou l'autre, et nous ne l'aurions certainement pas fait si M. Loiseleur, l'éminent bibliothécaire de la ville d'Orléans, ne nous eût encouragé à entreprendre ce travail, et si M. Hagen lui-même n'eût consenti à nous prêter son concours. Que ces deux Messieurs veuillent donc bien agréer nos sincères remerciements pour les encouragements et l'appui qu'ils nous ont donnés.

Deux raisons principales nous ont amené à traduire d'abord la biographie de Daniel. La première, c'est que pour le cas où la biographie de Bongars serait traduite, il est nécessaire qu'elle ait été précédée par celle de Pierre Daniel. La seconde, c'est qu'il nous a paru convenable de rendre d'abord et enfin à la mémoire de Pierre Daniel la justice qui lui est due.

Ce n'est pas qu'on ne se soit point occupé de lui, jusqu'ici; en effet, et sans parler de l'article de la biographie universelle de Michaud (que M. Hagen a examiné) dû à la plume, mieux inspirée parfois, de M. l'abbé Pataud, nous pouvons, à Orléans, consulter l'ouvrage manuscrit de Dom Gérou; celui du chanoine Hubert *(Généalogies Orléanaises)*, également manuscrit. Puis, en fait d'ouvrages imprimés, nous avons les *Notes historiques* du chanoine A. Septier, qui précèdent son catalogue; les *Hommes Illustres de l'Orléanais*, par MM. C. Brainne, J. Debarbouiller et Ch. F. Lapierre; enfin une petite brochure de M. Dupré, de Blois, sur les *Daniel d'Orléans et de Blois*. Mais que de différences dans la méthode comme dans les résultats! Dès lors, puisque nous traduisions les quelques pages de M. Hagen, nous aurions voulu, en regard de la biographie critique qu'il a écrite, placer la biographie traditionnelle... La tâche a dépassé nos forces. Que le lecteur en juge.

Tout le monde est à peu près d'accord sur la date de la naissance de Pierre Daniel : il est né vers 1530. Mais à peine les différents auteurs se sont-ils entendus sur ce point que des divergences — pour dire le moins — se manifestent. Dom Gérou dit que le père de Pierre Daniel avait trois frères : Michel, Thibault (?), Etienne. Point du tout, d'après Hubert. Voici ce que donnent les généalogies orléanaises (VIII, p. 80). Comme chef des différentes branches *Jean* Daniel, dont le fils Pierre I épouse Catherine Luilli e. De ce mariage : Pierre II, Claude et François. De Pierre II, Pierre III et Jacquette. Pierre III (nous disons III et non pas IV, comme Hubert, parce que nous ne comptons que les Pierre, et que lui compte Jean), « homme illustre, bail-« lif de St-Benoist et de St-Mesmin pendant les guerres de « religion, dont il enleva les manuscrits, » etc. Or Thibault (?), Michel, Estienne sont les fils de Jean; d'où il résulte, si nous en croyons Hubert, que Dom Gérou s'est trompé et a pris pour des oncles paternels de notre Pierre Daniel, ceux qui étaient en réalité des frères de son grand-père; ou bien qu'Hubert s'est trompé, et qu'alors Dom Gérou pourrait avoir raison. Mais comme d'autre part nous savons positivement (voyez l'appendice) que le père et le frère, ou si l'on veut *un* frère, de Pierre Daniel s'appelaient tous deux François... Peut-être le plus sûr serait-il de croire que Dom Gérou et Hubert se sont trompés l'un et l'autre.

Puisque nous en sommes aux questions de famille, voyons ce qui touche Pierre Daniel en particulier. Hubert ignore qui Pierre Daniel III (IV pour Hubert qui compte Jean) a épousé, et il ajoute à ce que nous avons cité plus haut....
« espousa..... dont il eust entr'autres enfants un fils dont
« la postérité est descheuë. » Vient ensuite :

Pierre Daniel, advocat et baillif de St-Benoist en 1605. Evidemment, pour Hubert, c'est là le fils dont la postérité est « descheuë. » M. Dupré, lui, connaît la femme de Pierre Daniel; elle était fille d'un avocat de Blois et s'appelait Madeleine Boyvin. Nous ne contestons pas que le fait puisse être vrai (en thèse générale nous ne voulons pas contester mais constater), seulement nous aurions voulu une explication quelconque, quelque chose de plus précis que la note suivante : « Probablement Pierre Daniel quitta
« Orléans et vint s'établir dans notre ville après la mésa-
« venture du cardinal de Châtillon, son protecteur déchu. »
M. Dupré nous permettra d'être surpris de trouver quelque chose d'aussi vague sous sa plume. Puisque Daniel avait à remplir des fonctions à Fleury, il dut avoir quelque raison de quitter son poste; s'il le quitta, ce fut à une certaine époque, pour un certain temps, etc., etc. Et quant à la mésaventure du cardinal, outre qu'on ne sait trop de quoi il s'agit, et qu'il eût été bon de donner quelques détails explicatifs, nous savons très-positivement par une lettre

de Bongars (voy. plus bas, note 26) qu'elle n'atteignit que très-relativement Daniel qui, en 1595, était encore à Fleury. Encore une fois nous ne nions pas que M. Dupré puisse avoir raison; nous exprimons nos regrets qu'il n'ait pas cru devoir en donner plus de preuves. Nous revenons à la famille de Pierre Daniel. M. Dupré cite un fils, lequel se nomme René; ce fils est né ou plutôt a été baptisé à Blois le 18 septembre 1579; il est devenu avocat, il a été marié deux fois; enfin il est mort le 10 septembre 1650. Tout y est, même l'épitaphe de ce René, où il n'est en rien question d'origine orléanaise ; ce qui assurément n'était pas nécessaire, mais prouve bien que Blois était la patrie, le domicile habituel, etc., du défunt. A côté de cela nous avons tout lieu de croire que le père de ce René n'était ni de Blois, ni à Blois, sauf au mois de septembre de 1579, et encore ? Nous nous perdons en conjectures.

Dom Gérou connaît deux fils : René, l'avocat de Blois, et François qui édita Pétrone avec les notes de son père en 1618 et en 1629. Sans insister sur ce qu'il y a de singulier dans le fait que ce François aurait, lui philologue, vendu les papiers de son père, et pourtant les aurait encore eus, quinze ans après, pour en publier telle ou telle partie, nous voilà dans le même embarras, pour les enfants, que celui où nous étions pour les parents de Daniel; que choisirons-nous? Un fils, Pierre (Hubert) ; un fils René (M. Dupré); deux fils René et François (Dom Gérou); ou tous les trois ? ou bien imiterons-nous le silence prudent des auteurs des *Hommes Illustres,* qui n'en mettent point du tout?

On le voit, il est difficile de démêler ce qui est vrai.

— Ce qui nous reste, c'est qu'un Pierre Daniel, né vers 1530 à Orléans, fut avocat et bailli de Saint-Benoist. En outre, nous voyons qu'il possédait la confiance du cardinal-abbé de Châtillon. Puisque le cardinal joue un rôle si important dans la vie de l'homme dont nous nous occupons, voyons ce qu'on en dit. Dom Gérou pense « que le « cardinal crut ne pouvoir rien faire de plus avantageux

« au bien temporel de cette maison (abbaye de Saint-Be-
« noist) que d'y établir Pierre Daniel. » L'abbé Septier,
pour sa part, ne croit point à ce souci du temporel chez le
cardinal. Tant s'en faut ! c'est le cardinal qui fait dévaster
le monastère (v. Catal. p. 12). Pour M. Dupré, ce n'est plus
le cardinal ; ce sont les bandes huguenotes et indisciplinées
du prince de Condé qui s'abattent comme des oiseaux de
proie..... Enfin pour les auteurs des *Hommes Illustres* ..... mais citons :

« Lorsqu'en 1562, le cardinal fit enlever par son inten-
« dant Aventin, l'or et l'argent qui couvraient les châsses
« de Saint-Benoît pour en faire de la monnaie au profit du
« prince de Condé, Daniel ferma les yeux sur le dommage
« considérable causé à l'Abbaye dont il devait défendre les
« intérêts ; mais lorsque plus tard les spoliations s'étendi-
« rent jusque sur la riche bibliothèque du monastère, Da-
« niel, blessé dans ses affections personnelles, protesta,
« *unguibus et rostro*, et défendit ses livres avec une telle
« énergie, que le cardinal de Châtillon, qui, du reste, l'es-
« timait beaucoup, dut reculer devant l'indignation du sa-
« vant, et ajourner indéfiniment ses projets. » Nous ne
ferons pas ressortir ce qu'il y a de peu probable dans le fait
que le cardinal ne recule pas devant l'idée d'une destruction stupide (trop stupide pour être vraie, car enfin il avait
une certaine intelligence, on n'en saurait douter) de livres
et de manuscrits, et qu'il recule devant l'indignation d'un
savant, et à cause de lui ajourne indéfiniment ses projets
de destruction. Fidèle à notre plan, nous ne contestons pas,
nous nous bornons à constater. D'ailleurs, voici la contre-
partie ; on sait que le cardinal de Châtillon fit profession
publique de protestantisme en avril 1561, et qu'il y avait
déjà longtemps qu'il était suspect d'hérésie. Et c'est pourtant alors qu'il crut ne pouvoir rien faire de plus avantageux à la maison que d'y établir Pierre Daniel, d'après
Dom Gérou. Nous ne portons aucun jugement, nous
essayons de former le nôtre ; on voit que la tâche est ar-

due. Est-ce à dire que nous prétendions nier que le cardinal ait fait enlever l'or et l'argent des châsses? Loin de là ; nous ajouterons même un détail : c'est que l'or et l'argent de ces châsses, et d'autres encore, furent transformés en pièces de monnaie par le célèbre Abel Foulon qui avait suivi le prince de Condé à Orléans.

Certes, de tels procédés, même en de telles circonstances, étaient fort regrettables ; mais de là à la destruction absurde et absolument *inutile* de livres et de manuscrits, il y a bien loin. Quoi qu'il en soit, nous constatons que le cardinal de Châtillon veut à la fois conserver et détruire suivant qu'on consulte Dom Gérou ou les autres.

Passons maintenant au rôle attribué à Daniel dans cette affaire. Hubert se borne à dire qu'il « enleva » les manuscrits ; Mabillon ajoute que Daniel usa « adroitement » pour arriver à ses fins de la faveur du cardinal, et nous croyons avec M. le professeur Hagen, que le mot adroitement est pris ici en mauvaise part. L'abbé Septier emploie également l'expression « enlever ». Seulement tandis qu'il dit : « enleva une grande partie, » M. Dupré dit : « en sauva une faible portion. » Dans le *Voyage de deux Bénédictins*, Daniel est accusé en propres termes d'avoir *pillé* la Bibliothèque de Saint-Benoist. Pour Dom Gérou, au contraire, non-seulement Daniel a protégé les manuscrits contre les mauvais desseins du cardinal ou la rapacité des bandes huguenotes (suivant que l'on choisit l'explication de l'abbé Septier ou celle de M. Dupré), non-seulement, disons-nous, il a fait cela, mais il a fait mieux encore. Ecoutons Dom Gérou : « Il (Daniel) se proposait par cet « établissement (à Fleury) d'empêcher la dissipation du « moins d'une partie des précieux manuscrits..... et il « réussit dans son dessein. » Donc celui que le cardinal avait choisi comme l'homme qui pouvait le mieux sauvegarder les intérêts temporels de l'abbaye, n'avait accepté, et n'était venu s'établir à Fleury que prévoyant qu'il devrait défendre *(unguibus et rostro,* comme on lit dans les *Hommes Illustres)* le temporel, les biens et livres de l'abbaye, contre celui-là même qui l'avait choisi pour les sauvegarder! ou contre ses amis fauteurs et adhérents! Cela paraît si singulier, que nous prions les lecteurs de vérifier, à l'article *Daniel*, dans la Biographie orléanaise manuscrite de Dom Gérou, qui se trouve à la Bibliothèque publique.

Nous aurons lieu de parler, plus loin, de la religion de la famille Daniel; seuls les *Hommes Illustres* le font naître d'une famille calviniste. Nous dirons aussi quelques mots sur la prétendue odyssée des manuscrits, que Dom Chastéri *(Hommes Illustres)* envoie retrouver « *leurs frères* » (ce n'est pas nous qui soulignons) à Rome, tandis qu'ils restent à Berne..... Et puis, en voilà assez pour démontrer que nous avions besoin de quelque chose d'un peu précis sur Pierre Daniel. Et maintenant nous allons laisser la parole à M. Hagen. Quelques mots seulement sur notre traduction. En premier lieu, comme le lecteur ne tardera pas à s'en apercevoir, nous avons sacrifié l'élégance et même, si nous n'avons pu faire autrement, la correction à la fidélité. Puisqu'un traducteur doit être un traître, nous préférons trahir notre langue, que chacun connaît, que la pensée de notre auteur. — Secondement nous avons retranché quelques notes; nous en avons abrégé quelques autres; enfin, ajouté un petit nombre qui sont désignées suivant l'usage. — Troisièmement, M. le professeur Hagen a mis en appendice dix-huit lettres latines ou françaises, dont dix-sept sont adressées à Pierre Daniel. Une seule est de lui. Nous n'avons copié que la dernière, et nous nous sommes borné à résumer ou plutôt à énumérer les autres, comme on pourra le voir à l'Appendice.

Mer (Loir-et-Cher), 22 décembre 1875.

P.-S. — Les pages qui précèdent étaient écrites depuis quelque temps, lorsque nous avons reçu de M. le professeur Hagen les détails qui suivent : « Daniel a-t-il été marié ? La « seule preuve que j'en aie se trouve dans une lettre (cod. « Bern. 141, n° 280) du mois de septembre 1593, écrite « par une personne nommée Macée de Gatte et adressée à « *Madame la Baillifve Daniel à Saint-Benoist*.... Mais « je n'ai pu trouver aucun renseignement sur le nom origi- « nal de Mad. Daniel. » Daniel a-t-il eu des enfants ? « Sur « des enfants de Pierre Daniel je n'ai rien trouvé, ni sur « un fils nommé René, ni sur ce que ce fils aurait été « avocat à Blois. » Tout cela ne prouve pas grand'chose, nous voulons dire d'une manière décisive, mais nous avons cru devoir l'ajouter à ce qui précède.

M. Hagen a ajouté à notre traduction quelques notes qui ne figuraient point au texte original. Ainsi la note 53 *bis* où il a corrigé lui-même une erreur assez grave qui s'était glissée dans son propre travail ; il a également corrigé quelques erreurs typographiques et quelques dates.

Nous avons déjà dit un mot de l'Appendice ; indépendamment de la lettre que nous reproduisons (la 18e de celles qu'a publiées M. Hagen), et qui est adressée à Pierre Daniel par son frère François, nous donnerons quelques lettres et pièces justificatives nouvelles dont l'intérêt et l'importance historique (en ce qui concerne les Daniel) ne sauraient échapper à personne. Quelques-unes sont encore inédites.

C'est donc, grâce à M. le professeur Hagen, presqu'une œuvre nouvelle que nous pouvons offrir en son nom à ceux qu'intéresse ce genre d'études.

PIERRE DANIEL

Juriste et Philologue

TRADUCTION.

> *Sed hoc Gallis penitus persuasum esse apparet, non posse quem magnum aliquem jurisconsultum fieri, nisi philologicis hisce studiis probe instructum, quod suo exemplo testatus... Jacobus Bongarsius editis in Justinum notis... Petrus Daniel, illud omnis antiquitatis promptuarium multis argumentis.* (Gasp. Scioppius, *de Arte critica*, novemb. 1597, p. 20, 21.)

Jacques de Bongars, qui fut longtemps ambassadeur du roi Henri IV auprès des princes et des villes d'Allemagne, est le fondateur de la collection de manuscrits si riche et si bien choisie, qui, jointe à une quantité importante d'ouvrages imprimés, devint après sa mort, et par le don de Jacques de Gravisset en 1632, la propriété de la ville de Berne. Il avait acquis, en 1603, une partie considérable de cette collection des héritiers de l'avocat Pierre Daniel, d'Orléans. Toutefois, une moitié seulement de la bibliothèque de ce dernier passa dans ses mains. L'autre moitié fut acquise par P. Petau, dont le fils, après la mort de son père, et par l'intermédiaire de Voss, vendit les manuscrits à la reine Christine de Suède. Celle-ci, de son côté, en fit présent au Vatican (1).

Les manuscrits de Daniel, qui provenaient en grande partie de la bibliothèque du couvent de l'ancienne abbaye de Fleury, près d'Orléans, sont, au point de vue de l'ancienneté et de la valeur, la plus importante acquisition que Bongars ait jamais faite. C'est à eux surtout que la collection Bongars doit sa réputation. Il vaut donc la peine d'étudier de plus près et de faire mieux connaître la personne et l'œuvre de Pierre Daniel; et cela d'autant plus qu'il s'est acquis une place éminente dans le monde savant, par plusieurs travaux littéraires remarquables et notamment par son édition de Servius qui fut un événement (2).

Le seul ouvrage dans lequel se trouvent quelques renseignements biographiques sur Pierre Daniel est la *Biographie universelle de Michaud*, tome X, éd. de Paris, 1833 (3). Mais ces renseignements sont aussi erronés qu'in-

---

(1) Ceci n'est pas absolument exact. Plusieurs manuscrits de Daniel sont restés à Paris et se trouvent actuellement à la Bibliothèque Nationale. Par exemple : les manuscrits 1,750 et 7,929, de Servius, le manuscrit 5,763, de César, ou encore les manuscrits n°s 7,902 et 7,920; Voss lui-même en reçut ou en garda plus d'un. Ainsi les manuscrits de la collection Voss, à Leide, n°s 79 et 80 (Servius), des fragments de Pétrone, etc. n'ont pas d'autre origine. D'autres sont restés à Orléans. cf. Charles Thurot, *Revue critique*, 1874, n° 1 ; *Voyage de deux Bénédictins*, I, p. 65, sq., Charles Dziatzko, *Jenaer Litteratur Zeitung*, 1874, n° 26 et Mus. Rhen. XXIX, p. 462.

(2) ..... qui fut un événement. Le texte porte : « *epochemachende*, faisant époque. « (Trad.)

(3) M. le Professeur Hagen ne pouvait guère connaître les sources manuscrites (Dom Gérou, Hubert) dont nous disposons à Orléans, et il paraît aussi que l'ouvrage qui porte pour titre : *Les Hommes Illustres de l'Orléanais*, n'est pas parvenu jusqu'à Berne. (V. t. I, p. 75.) Mentionnons enfin une courte notice de M. Dupré, de Blois, sur les Daniel. Blois, 1867 (Trad.).

complets. Ce court article d'un certain abbé Pataud fourmille, en effet, d'erreurs si évidentes, que le peu qui en reste, et qu'on ne saurait contrôler faute de documents, n'a qu'une valeur tout-à-fait discutable. Ainsi, d'après Pataud, l'année même (1564) où parut l'édition du *Querolus*, de Daniel, Vitalis de Blois aurait donné l'*Aulularia*, en vers ; un peu plus loin, il nous apprend que Bongars s'est servi de la bibliothèque de Daniel pour préparer son édition des *Œuvres de saint Justin* ; enfin, il affirme qu'en 1599, les œuvres complètes de Pierre Daniel parurent en un volume in-folio... (4). De ce côté donc il n'y avait rien de sérieux à prendre ; heureusement que la collection des manuscrits de Berne nous a fourni de quoi nous dédommager amplement. Cette collection contient en effet, à côté des manuscrits de Daniel, une partie de sa correspondance et de ses papiers ; nous en avons tiré presque tous les renseignements qui suivent.

D'après Pataud, Pierre Daniel serait né en 1530. Il ne donne aucune preuve à l'appui de son dire, et des renseignements plus précis nous font également défaut. Il n'y a dans toute sa correspondance qu'un seul passage qui contienne une indication sur ce point, et encore est-ce une indication générale. C'est une lettre de son ami Fornier qui le félicite, en 1566, d'avoir été nommé syndic des marchands d'Orléans, et il ajoute que cette distinction est d'autant plus honorable, qu'on n'a point hésité devant son âge encore peu avancé pour lui confier ce poste important (5).

(4) Nous regrettons que l'abbé Pataud ait donné lieu à ce jugement sévère ; mais nous sommes certain que, si le professeur de Berne connaissait tous les services que le digne abbé a rendus ou voulu rendre à l'histoire d'Orléans, il adoucirait quelque peu ses expressions. (Trad.)

(5) Cod. Bern. 141, n° 231, du 30 avril 1566 : *Gratulor tibi Aure-*

François Daniel, père de Pierre, également juriste, s'intéressait aussi aux questions littéraires. Il était avocat dans les environs d'Orléans et jouissait de la confiance du cardinal Odet Coligny de Châtillon, confiance dont son fils Pierre hérita avec usure. Nous savons de plus que François Daniel était en relations intimes avec Calvin ; c'est ce qui ressort d'une corresponcance animée entre ces deux hommes. Cette correspondance existe dans la collection de Berne, soit copiée de la main de Pierre Daniel, soit dans les originaux (6). Cette vieille amitié (7) avait engagé Daniel, le père, à laisser son second fils François commencer ses études à Genève sous les yeux et la direction

---

lianorum mercatorum jura tibi credita. Habes in quo te exerceas et quibus gradibus sensim ad majora conscendas. Mihi crede, non postremum est, ita qua ætate es negotiis ejusmodi præfici. D'après Conrad Bursian (Fortschritte der Alterthums wissenschaft, Berlin, p. 29) et Charles Dziatzko (Ienaer Litteratur Zeitùng, 1875, n° 43, p. 758), il est vraisemblable que l'année de sa naissance fut plutôt vers 1540, car il n'y a que fort peu de lettres, manuscrits, notes, etc. qui remontent audelà de l'année 1560.

(6) Cod. Bern. 450 et 141. La première lettre de Calvin à Daniel (Cod. Bern. 141, n° 52) est datée : *Parisiis, pridie Symonis*, 1529. (Cette date est celle que donne Pierre Daniel ; les savants éditeurs de Strasbourg la datent du 27 octobre 1533. Cette lettre est la 18e de leur Recueil.)

Cf. *Herminjard*, Corresp. des Réformateurs : *Baum, Cunitz et Ed. Reuss*, J. Calvini op. (Thes. Epist. Calv.).

Cette correspondance commença donc peu après que Calvin eut quitté Orléans. Sur cette période de la vie du Réformateur, cf. Kampschulte, *Joh. Calvin*, t. I, pp. 226-230. (Trad.)

(7) Fr. Daniel à Calvin, cod. 450, 48 n° 68, de l'année 1560 (la date manque, mais il y a des signes certains que c'est celle que nous indiquons) : *amicitiam quæ jam inde ab ipsa adolescentia inter nos inita est*. Cette circonstance est déjà suffisante pour renverser l'affirmation de Pataud que Daniel (Pierre) appartient à une famille qui, pendant les guerres de religion, s'était distinguée par sa fidé-

de Calvin (8) ; plus tard, il l'envoya les continuer à Bourges sous Cujas (9).

De temps en temps Pierre Daniel parle dans ses lettres de ce frère, qui lui aussi, à côté de la pratique du droit, s'occupait avec prédilection d'études littéraires. Souvent on les voit, dans les lettres qu'ils s'écrivaient, aborder des questions de philologie ; c'est ainsi qu'ils s'occupent de Juvénal, l'auteur favori de François Daniel (10). Ce dernier possédait également quelques manuscrits, mais d'un nombre et d'une valeur moindres que ceux de son frère. Bongars trouva et acquit dans la succession de P. Daniel plusieurs volumes annotés de la main de François et aussi quelques-uns de ses manuscrits.

Dans l'épître dédicatoire (à Michel de l'Hôpital) qui se trouve en tête des commentaires d'Adrien Turnèbe sur le *de Lingua Latina* de Varron, édités en 1566 par Odet Turnèbe, il est fait mention d'un Jacques Daniel comme

---

lité à l'Eglise catholique. Comment expliquer alors les rapports intimes qui unirent le père et le fils à « l'hérétique » cardinal de Châtillon ? ou encore la manière défavorable dont Mabillon parle de lui (v. plus bas) ? et enfin pourquoi trouve-t-on dans les papiers d'un si bon catholique un recueil de satires contre les Jésuites et contre le Pape ? V. Appendice, nos II, III, IV et VIII.

(8) Calvin à Daniel père, lettre du 26 nov, 1559. (Cod. 450, 48, n° 66.) Calvin y parle de l'aversion de François Daniel pour l'étude du droit, et des vains efforts de lui Calvin pour décider le jeune homme à mieux obéir aux vœux de son père. Dans une autre lettre (n° 67) il lui rend un meilleur témoignage : *pollet acumine, satis feliciter institutus est.* V. App. IV.

(9) En 1560. Nous avons un cahier de notes qu'il prit aux cours de l'Université de Bourges, où il a écrit lui-même : *Appuli Bituriges vigesima prima die februarii et vigesima octava lectionis audire cœpi.*

(10) Fr. Daniel s'occupa également de Pétrone, et même il voulait préparer une édition des anciens commentateurs d'Horace.

du principal promoteur de ce travail (11). Ce qui nous ferait supposer que ce Jacques Daniel appartenait à la même famille, c'est qu'il se trouve quelques notes manuscrites de Turnèbe dans la collection de Pierre Daniel (12).

C'était une tradition de famille chez les Daniel d'être juriste et littérateur, et Pierre Daniel n'y manqua pas plus que son père et son frère. En 1560, nous le trouvons à Bourges auprès de Cujas (13). Quatre ans plus tard, il commence à exercer à Orléans (14); il est même si absorbé par ses occupations que son ancien élève Emile Perrot lui en exprime ses regrets, et qu'Aignan Decontes le met en garde contre le préjudice qu'il porte à sa santé (15).

(11) ... *Multa quidem reperimus*, dit Odet Turnèbe à propos des manuscrits de son père, *sed ita confusa et perturbata.... ut illa facile pro derelictis essemus habituri, nisi nobis in tanta rei difficultate Jacobi Danielis in comitatu regis consiliarii Franciæ auxilium adfuisset...*

(12) Nous serions assez porté à croire qu'il s'agit ici de Jacques Daniel, sieur de Gradoux. V. Hubert *Gen. Orl.* t. VIII. (Trad.)

(13) Calvin à Daniel, n° 67 (cod. 450, du 13 févr. 1560: *Filius patruelem quò jussisti sequutus est...* et la réponse de Daniel, n° 68: *Tuas a patruele litteras accepi... Franciscus cum fratre Petro suo maxime hortatu jurisprudentiam diligenter amplectitur et studiose colit.* Cf. note 9, v. App. IV.

(14) Lettre de Jean Danisius, cod. 141, n° 236, du 16 nov. 1564: *Gaudeo gratulorque Aureliæ ad adipiscendum juris nostri laureum candidatum te nunc agere: bonis avibus, mi Daniel, ventis vela dederis!*

(15) Cod. 141, n° 205 (sans date, mais de l'année 1565, puisque le revers de cette lettre a été utilisé pour la composition d'une épitaphe pour A. Turnèbe, mort en 1565, (la lettre de Perrot. *Ibid.* n° 174, la lettre d'Aignan de Contes.

Nous aurons occasion de retrouver le nom d'Aignan de Contes; il nous paraît probable que c'est lui qui, en 1568 et le 8 août, prêta le serment de fidélité au roi Charles IX. Il était à cette époque l'un

Nous avons indiqué plus haut une des formes de son activité (voy. note 5) en 1566. Ajoutons enfin que la pratique était appuyée chez lui par d'incessantes études scientifiques ; nous voyons, en effet, dans une lettre du 7 mars 1565, son ami Daneau lui promettre la dédicace d'un ouvrage de droit, dont lui, Daniel, a fait ou inspiré ce qu'il a de mieux (16).

Mais ce n'est pas seulement à Orléans que Daniel exerce les fonctions d'avocat, c'est aussi à Paris. Dans les lettres qui lui sont adressées on lui donne généralement le titre d'avocat en la cour de Parlement à Paris. Ce qui est tout autrement important et fut même décisif à cause du penchant

---

des deux échevins protestants d'Orléans. — Sur Emile Perrot et son frère Charles dont il sera question plus loin, cf. Ath. Coquerel fils, *Hist. de l'Egl. réf. de Paris*, t. I, p. 177 ; Haag, *France prot.*, VIII, 195. Un des membres de cette famille Perrot fut le célèbre Nicolas Perrot d'Ablancourt. (Trad.)

(16) *Quod ad exemplaria et commentarios meos, quos ex deposito a Florente Christiano optimo juvene recepi, attinet, sum ejus animi opinionis tenax, ut in tuum nomen dedicentur et appareant, non quod eruditiorem illa te facere queant, sed quod amiciorem habeo neminem, cujus omnia mea esse malim, quam te. Liber de jurisdictione est... Alter commentarius est de fundis et agro vectigali : is vero totus est tuus et tibi a prima pene infantia dicatus, quem fovisti ipse tua manu et nascenti multum favisti, descripsisti et totum in eo tuum est, quod vivit adhuc et est superstes.* — Cette lettre faisait autrefois partie du cod. Bern., 141 ; l'original est perdu aujourd'hui, mais Sinner l'avait heureusement publiée. Cat. cod. Bern., III, 212 et suiv.

On sait que Lambert Daneau, de Beaugency, jurisconsulte et surtout théologien éminent, a été écolier de l'Université d'Orléans. Il y était venu pour entendre Anne du Bourg Plus tard ce fut la constance d'Anne du Bourg qui l'amena au protestantisme. *Improbus comparat falsum praemium*.... V. *Fr. prot.* IV, 192 ; et aussi l'intéressant document que vient de publier M. l'archiviste Doinel. Orléans, 1876. (Trad.)

de Daniel aux études littéraires, ce fut sa nomination de Bailli de l'abbaye de Fleury près d'Orléans. On sait que les manuscrits les meilleurs et les plus antiques de Daniel viennent de ce *claustrum Floriacense* dont il eut à maintenir les droits. Sur ce fait remarquable nous trouvons, dans une source estimable, un renseignement positif, sinon satisfaisant de tous points. Mabillon, dans son ouvrage *de Liturgia Gallicana*, écrit en effet ce qui suit à propos d'un manuscrit provenu de Fleury : Lorsqu'en 1562 les hérétiques, (c'est-à-dire les Huguenots) se furent emparés d'Orléans, ils pillèrent cette ville, puis se mirent à marauder dans les environs. Poussés par la soif du pillage, ils envahirent aussi Fleury dont le cardinal de Châtillon, lui-même zélé huguenot, était abbé séculier... L'avocat Pierre Daniel se serait alors servi, d'une manière habile, de la faveur du cardinal pour arracher des mains des pillards qui ne savaient trop qu'en faire, les manuscrits de la bibliothèque de Fleury et pour se les approprier par ruse, par argent ou par de bonnes paroles. C'est de ces manuscrits qu'il aurait tiré, pour l'éditer en 1564, l'*Aulularia* (c'est-à-dire le *Querolus*) de Plaute, etc. Puis Mabillon s'étend sur les destinées de la bibliothèque de Daniel; raconte comment P. Petau et Bongars se la partagèrent, et termine en disant que la partie échue à Bongars fut achetée, avec le reste de sa bibliothèque, pour le prince Palatin et par l'entremise de Janus Gruter (17), et transportée à Heidelberg. En 1622, le duc Maximilien de Bavière conquit le Palatinat, enleva la bibliothèque, et en fit présent au Vatican (18). Si l'on en excepte cette

---

(17) Janus Gruter était le bibliothécaire du prince Palatin.

(18) .. .. *Denique bello inter Ferdinandum imperatorem et Fredericum Electorem Palatinum, qui de regno Boëmiæ decertabant, exorto, Bavaricus princeps facto in Palatinatum impetu magnam*

dernière affirmation qui repose sur une erreur facilement explicable (19), et si l'on tient compte de la partialité évidente de l'auteur, en général, on ne peut guère douter de l'authenticité de ces données, d'autant plus que Mabillon donne comme garant de son dire justement un avocat de la ville natale de Daniel, Jacques de Gives, d'Orléans.

Mais quoi? Daniel serait-il ainsi, sans plus, devenu possesseur de toute la bibliothèque du couvent? Dans le *Voyage de deux Bénédictins* on trouve, outre les détails donnés par Mabillon, ce qui suit, L. I, p. 66: « Pierre Daniel ne pilla « pourtant pas tellement la bibliothèque de St-Benoist, « qu'il n'échappât plusieurs volumes à sa cupidité. Car outre « plusieurs manuscrits qui ont déjà servi aux nouvelles « éditions des Pères auxquelles nos confrères ont travaillé, « nous y trouvâmes un fort ancien manuscrit de la concorde « des règles de St-Benoist d'Aniane suivi d'un recueil des « ouvrages des Pères, qui a pour titre: *Liber de diversis « voluminibus patrum excerptus.* » En tous cas il dut rester à Fleury, après la catastrophe, un certain nombre de manuscrits, puisqu'au 31 décembre 1566, L. Daneau pouvait demander à son ami de lui faire communiquer, contre un reçu adressé au prieur de l'Abbaye et appuyé par le

---

ejus partem occupavit, Heidelbergam anno 1622 in suam potestatem redegit, libros abstulit ex bibliotheca, plerosque summo Pontifici Gregorio XV dono dedit in Vaticanam bibliothecam tandem illatos... Mabillon, op. cit. l. I.

(19) Il est certain, en effet, que la bibliothèque de Bongars fut transportée à Heidelberg. Seulement ce fut chez le savant juriste Lingelsheim, un vieil ami de Bongars. Lingelsheim devait la garder jusqu'au moment où son élève, le jeune Gravisset, à qui Bongars l'avait laissée, serait en état d'en profiter. Après la donation faite à la ville de Berne par J. de Gravisset, Lingelshiem réclama inutilement la bibliothèque auprès des autorités bernoises. (Cf. catal. mss, Bern., préf. p. XXVII et sq.).

cardinal de Châtillon lui-même, un certain nombre d'ouvrages très-probablement manuscrits de la bibliothèque du couvent (19 *bis*).

Daniel connaissait déjà avant 1562, époque où d'après Mabillon il se le serait approprié, le manuscrit du *Querolus*. Il existe en effet quelques lettres de Brodæus, écrites en 1561, où celui-ci, d'après le désir de Daniel, donne son opinion sur la valeur du *Querolus*, soit que l'original ou une copie lui en eût été communiquée. Et comme nous savons, d'après l'épître dédicatoire de l'édition du *Querolus* adressée au cardinal de Châtillon, que les bons rapports entr'eux dataient déjà du père de Pierre Daniel, et que celui-ci n'avait fait qu'en hériter (20), nous modifierons le récit de Mabillon, et nous dirons que Daniel, qui possédait déjà la confiance du cardinal, reçut de lui, pour son zèle à son service dans les circonstances critiques de 1562, quelques manuscrits en cadeau et à titre de récompense.

Daniel lui-même fait allusion à cet événement dans l'épître dédicatoire : « Je crois juste de saisir l'occasion qui m'est offerte, dit-il, de te témoigner ma reconnaissance, en ne conservant pas pour moi seul ce que tu as eu la bonté de me donner, mais en le faisant au contraire, avec ta gracieuse permission, connaître au monde savant, en même temps qu'avec une entière bonne foi je dirai que tu en es le donateur (21). » Il paraîtrait même que Daniel n'était pas

---

(19 *bis*) D'après dom Gérou et de son temps, il y en avait encore deux cent soixante-quatre. Voir aussi ce que dit Septier. (Catal., mss. p. II-15.) (Trad.)

(20) ..... *Hoc semper maxime in votis habui... opportunum aliquod tempus mihi dari, quo defuncti patris tibi addictissimi vestigiis insistens meam erga te observantiam aliquo officii genere testarer.*

(21) *Id vero nunc mihi oblatum esse arbitror, si ea, quæ apud me benigne deposuisti, non maligne suppressa in sinu tegam, sed summa fide ad te referam atque adeo bona tua venia in publicum proferam.*

le seul en faveur duquel le cardinal avait disposé de quelques-uns des trésors de cette bibliothèque, puisque Daniel ajoute : « Que je ne sois pas ingrat comme ces personnes qui, après avoir reçu de ta générosité les précieux monuments d'anciens écrits, n'ont pas honte de leur attribuer malhonnêtement d'autres provenances (22). » Et si maintenant nous voyons des manuscrits devenir la propriété de Daniel en 1564 — comme en effet la date que plusieurs portent le prouve — ne nous ne sera-t-il pas permis de supposer que, par suite même de la dédicace du *Querolus*, le cardinal de Châtillon lui donna de nouvelles preuves de sa libéralité ? Nous ferons enfin remarquer que le premier cadeau du cardinal devait avoir une valeur importante, puisque Daniel pouvait écrire, à la fin de cette même épître dédicatoire, que l'hommage de ce livre (22 *bis*) ne correspondait pas, à beaucoup près, à la valeur des trésors dont il lui était redevable (23).

Il en résulte que nous pouvons considérer comme sans fondement les affirmations malveillantes de Mabillon sur le caractère de Daniel, et celles aussi de tous ceux qui par ignorance ou par haine les ont répétées depuis.

Daniel était-il déjà en 1562 bailli de Fleury, comme l'affirme Mabillon ? c'est ce dont on n'a point de preuves. Nous savons seulement que tandis qu'il était à Paris en 1565, son frère François s'occupait des affaires du cardinal (24).

---

(22) *Absit autem, ut in id ingrati animi vitium incidam, quo tenentur, qui præclara veterum librorum monumenta beneficio tuo nacti posito omni pudore illiberaliter alio transferunt.*

(22 *bis*) Le texte porte : *Die gabe dieses Buches*, le don de ce livre.

(23) *Sed quia neque perpetuis in nos meritis tuis neque tanti thesauri dignitati respondent etc.*

(24) V. Appendice. — Toutefois, en 1561, Daniel le père était encore bailli de Saint-Benoist. On voit en effet au Cod. Bern. 141, n° 130, une lettre de F. Chrestien adressée le 1er janvier 1561 à *Monsieur Pierre Daniel*, au logis de Monsieur le bailly Daniel à Orléans.

D'autre part nous les trouvons en 1567 chargés tous deux de la juridiction de Fleury (25). Il est probable que Daniel exerça ces fonctions jusqu'à la fin de sa vie. En tous cas il les exerçait encore au mois de juillet 1595, comme on le voit dans une lettre de Bongars à Reineccius (26). Il mourut en 1603 (27).

Malgré ses absorbantes occupations juridiques, Daniel sut trouver assez de temps pour ses études sur l'antiquité. Ce sont même ces études qui l'ont rendu célèbre et lui ont acquis une quantité d'amis parmi les savants de son temps. Et ce n'était pas seulement comme savant critique et profond connaisseur de l'antiquité qu'on faisait cas de lui, mais c'était aussi comme judicieux et complaisant possesseur d'une précieuse bibliothèque. Un grand nombre de

(25) Lettre de Fr. Daniel à son frère, Cod. 141, n° 194 en date du 20 février 1567. Il (le cardinal) veult changer et innover l'état de sa justice à son grand préjudice et à notre plus grand dommage. Parce qu'il entend demembrer la juridiction qu'a le Bailly dudit Saint-Benoist sur toutes les chalenges dependantes dudit lieu et de laisser toute cognoissance aux lieutenans présidans sur ces lieux. Ce qu'ayant lieu vous pouvez cognoistre, que la promesse que Monseigneur le Cardinal nous a faicte seroit de nul effect et que le bailly ne seroit sinon *titulo tenus*. Et toutesfoys j'ay entendu qu'on est sur le point de besogner a cest affaire en ceste sorte et que pour toute recompense il nous laissera le baillage de la seulle chalenge de Saint-Benoist. V. App. VII.

(26) Cod. Bern. 149 b., n° 294. *Argentor XVI Julii 1595: Floriacum (nos Fleury vocamus) oppidum est ad Ligerim supra Aurelianum miliaribus vestratibus quatuor, in quo jus dicit P. Daniel J. C. vir et suo merito et magnorum virorum prædicatione clarus. Ei adjacet monasterium D. Benedicti opulens et amœnum : inde quod quæris cœnobium Floriacense.*

(27) Lettre de Bongars à Lingelsheim (V. note 19) du 23 juin 1603 (cod. Bern. 149 b., n° 197, écrite de Paris). *Interim Aurelianum me conferam ad reliquias visendas rei familiaris, sed trahit me maxime P. Danielis bibliotheca.* Il était donc mort avant le 23 juin 1603.

manuscrits et d'ouvrages imprimés des auteurs les plus divers, tant de l'antiquité classique que du moyen-âge, montrent, par les notes marginales dont ils sont couverts, l'ardeur infatigable au travail et l'étonnante lecture de cette homme, qui portait intérêt à tout ce qui datait de l'ancien temps, aux poëtes, aux orateurs, aux historiens des bonnes époques, comme aux grammairiens, aux glossateurs et aux scholiastes postérieurs (28).

Il savait en outre inspirer ce même intérêt à son entourage. Il est probable que c'est à l'influence de Daniel qu'on doit, dans une grande mesure, les travaux littéraires de Bongars, car dès 1578 ils étaient en relations d'amitié (29). Mais il ne manque d'ailleurs pas d'autres indications qui montrent que Daniel s'est occupé de l'éducation de plusieurs jeunes gens, et les a initiés à la connaissance de l'antiquité. Emile Perrot le remercie chaudement des

---

(28) Voici la liste des ouvrages imprimés sur lesquels on trouve des notes marginales souvent importantes de Daniel : *Ammien Marcellin, Aristote, Asconius Pedianus, Censorinus, Charisius, les Commentaires de Cornutus sur Perse, Diomède, les Commentaires de Donat sur Térence, les Differentiæ de Fronton, Fulgence, Aulu-Gelle, Isidore, les Commentaires de Lactance sur Stace, Loup de Ferrières, Martial, les Oracula Sybyllina Græca, les Panégyriques latins, Pétrone, Phocas, les Commentaires de Porphyrion sur Horace, les catholica de Probus, le Querolus (de Plaute), Quintilien, Serenus Sammonicus, Servius, Stace, Suétone, Sulpice-Sévère, Symmaque, Théophraste, Varron.* J'ai donné, dit M. Hagen, une description détaillée de tous ces livres comme appendice à mon catalogue des manuscrits de Berne, p. 515-552, cf. préf., p. LIX-LXIV.

(29) La plus ancienne lettre de Bongars à Daniel est de l'année 1578. Bongars n'avait alors que 24 ans. On peut supposer, en outre, qu'ils avaient eu quelques relations avant de s'écrire ; peut-être même les relations existaient-elles déjà entre Daniel et le père de Jacques Bongars. Car enfin, tout bon catholique qu'on fasse Daniel, il faut bien reconnaître que ses amis étaient en général protestants. (Trad.)

leçons qu'il lui a données (30). Et Daniel lui répond avec modestie qu'il n'est heureux d'être appelé son maître, que parce qu'un tel disciple lui procurera plus d'honneur et de réputation que son enseignement n'aura pu procurer de connaissances solides et fructueuses (31). Il y a dans les papiers de Daniel une dissertation étendue traitant de quelques scholies d'Eustathius sur le premier livre de l'*Iliade* et concernant la prononciation grecque. Cette dissertation, d'un auteur inconnu, contient une note qui prouve que celui qui l'a écrite a été amené à s'occuper de ces recherches par Daniel, « homme d'une érudition re- « marquable, adonné à l'étude de l'ancienne littérature, « et professeur de notre (mon) cousin Boistaillé…. (32). » Il y a quelques années on pouvait trouver encore dans le cod. Bern. 189, quelques lettres, perdues depuis, adressées

(30) V. note 15.
(31) P. Daniel à Emile Perrot. Cod. 141, n° 285, Orléans, sept. 1564.
(32) Cod. 450, 2 *Cum veram et antiquam Grœce pronuntiandi rationem elaboraremus ac instrueremur, D. Daniel vir priscæ literaturæ studiis valde deditus atque magister Boitallæi patruelis nostri liberaliter cruditus nos amice monuit esse apud Eustathium in 400, 401, 402, 403 versus Iliadis I doctrinam, quæ multorum judicio ab hac nostra sententia et consilio plane discreparet*. M. le professeur Hagen a bien voulu nous donner sur ce Boitallæus les renseignements suivants : « C'était le fils de l'ambassadeur de la France « à Venise, auquel sont écrites deux lettres de Laussac (à Monsieur « de Boistaille, conseiller…. du Roy et son ambassadeur à Venise), « en 1562 et 1563, qui se trouvent actuellement à Berne, cod. 141 « n°s 18, 19, datées de Trente. Le même Boistaille père était posses- « seur d'une bibliothèque choisie de manuscrits grecs, dont nous avons « encore à Berne le catalogue écrit sur parchemin (n° 360, cf. catal. « Mss. Bern., p. 347). Celui qui a écrit la dissertation qui se trouve « au cod. B. 450, 2 était Hurault lui-même. Boistaille le père portait « aussi le nom de Huraltus, comme on le voit dans une note écrite « sur un msc. de Platon (Bibl. Nation., n° 1808), et qui faisait lui- « même partie de notre Bibliothèque). »

à Daniel par Hurault, et où celui-ci l'appelle toujours son professeur. Enfin, le cod. Bern. 450, contient une lettre d'un anonyme qui recommande à un de ses amis son fils âgé de 15 ans ; et il ajoute que quoique regrettant d'être obligé de se séparer de ce fils à cause de son éducation, il se console pourtant par la pensée que c'est à Daniel, dont les qualités sont si remarquables et si connues, qu'il en a confié la direction (33). Entretenir des relations amicales avec les jeunes gens était chez Daniel un besoin. Ainsi il répond au jeune Gulielmius, qui lui avait demandé son amitié, que rien ne pouvait lui arriver de plus agréable que de recevoir souvent des lettres de jeunes gens zélés pour l'étude. Et certes les relations avec un homme de sa valeur ne pouvaient être que profitables à de tels jeunes gens ; avec un homme aussi ennemi que lui de tout ce qui n'était qu'apparent et superficiel, et qui dans cette même lettre recommande d'une manière aussi pressante la sincérité et le sérieux dans le travail : « N'oublie pas, lui dit-il, qu'on n'acquiert une position éminente et une bonne réputation que par des connaissances solides et approfondies. Si tu peux en arriver là, tu n'auras jamais lieu de te repentir de t'être adressé à moi, ni d'avoir consacré tes forces aux études (34). »

Mais les occupations de Daniel n'étaient pas seulement pédagogiques, elles étaient aussi littéraires. S'il a, en effet, rendu de grands services à la science philologique en mettant libéralement à la disposition de savants qu'il ne connaissait même pas toujours les trésors de sa bibliothèque, il en a aussi rendu par ses propres travaux (35). De ces

---

(33) Cod. Bern. 450, n° 26.

(34) Cod. Bern. 450, 35.

(35) M. Hagen cite les noms de plusieurs savants auxquels Pierre Daniel prêta des manuscrits, et les manuscrits qu'il leur prêta. Nous

derniers n'ont paru que ses études sur le *Querolus*, sur *Servius* et sur *Pétrone*, et celles-ci seulement après sa mort (36).

Daniel ne publia le *Querolus* qu'en 1564, après s'en être occupé quelques années (37). L'ouvrage est dédié au cardinal de Châtillon, abbé de Fleury et protecteur de Daniel. Suivant l'usage du temps, l'épître dédicatoire est suivie de deux pièces de vers adressées à l'éditeur par deux de ses amis (38). Viennent ensuite le texte et les notes ; enfin une dissertation pleine de modération sur l'auteur probable, l'époque de la composition, et ainsi de suite. Daniel ne s'était épargné aucune peine pour extraire de tous les manuscrits possibles et réunir en un faisceau tout ce qu'il avait pu trouver d'indications sur ce morceau depuis longtemps oublié de son temps. Et si l'on considère qu'il fut le premier à l'éditer on a tout lieu d'être satisfait de la

---

ne donnerons que leurs noms : Bongars, Théodore Canter, Charles de Chanteclerc, Louis Carrion, Ch. Coler (Colerus), Comelin, Fornier, Gifanius, J. Lipse, P. Misinetius, Patisson, P. Petau, Jos. Scaliger, Elie Vinet, etc. Nos lecteurs auront sans doute remarqué les noms de quelques Orléanais. (Trad.)

(36) Les notes de Daniel sur le *Cornelius Nepos* (Ed. de Francfort 1608) que Bongars envoya à l'éditeur, ne sont guère que des extraits d'un seul manuscrit.

(37) Voici le titre exact de l'ouvrage : *Querolus, antiqua comœdia nunquam antehac edita, quæ in vetusto codice manuscripto Plauti Aulularia inscribitur. Nunc primum a Petro Daniele Aurelio luce donata et notis illustrata..... Parisiis ex officina Roberti Stephani.*

La Bibliothèque publique d'Orléans en possède un exemplaire, qui aurait, paraît-il, cela d'intéressant, d'avoir appartenu à François Daniel, frère de Pierre. Nous n'avons pas pu le constater, ce volume s'étant justement trouvé hors de la bibliothèque, tandis que nous faisions nos recherches. (Trad.)

(38) D'après Dom Gérou, ils se nommaient Juret ou Joret, et Jean-Baptiste Duval. (Trad.)

méthode et du résultat de ses recherches. Même dans les notes, lorsqu'il cite des textes parallèles pour faciliter l'intelligence des expressions employées par son auteur, on voit qu'il s'efforce de ne s'appuyer que sur des sources manuscrites. Il nous donne en même temps par là l'occasion de constater qu'il possédait déjà un assez grand nombre de manuscrits précieux. Ainsi il nous dit dans la préface qu'il possède un ouvrage encore inédit, une imitation de Solin, qui même porte faussement son nom inscrit sur le titre. A la page 9 des notes, il cite un ancien commentaire de la Bible ; à la page 11, un manuscrit de Priscien ; à la page 21, plusieurs manuscrits de Flavius Caper, etc., etc.

On voit à l'exemplaire, ou plutôt aux exemplaires annotés de la main de Daniel, qu'il ne considérait pas ses études sur ce sujet comme terminées par cette première édition. Il avait fait relier ensemble cinq exemplaires du *Querolus*, et ce volume, que nous possédons, est devenu le n° G. 130 de la bibliothèque de Berne. Chacun de ces exemplaires est rempli de rectifications, d'additions et de remarques de tout genre. Le n° 3, par exemple, a cela d'intéressant qu'il contient les variantes d'un manuscrit appartenant à Pithou. Tout ce nouveau travail était fait en vue d'une seconde édition qui devait paraître deux ans après la première. On le voit clairement au 5e exemplaire, entièrement corrigé pour l'impression, et dont le titre porte la différence suivante : *Editio secunda. Antverpiæ* MDLXVI, *et officina Christophori Plantini*. Toutefois cette seconde édition ne fut jamais publiée ; et même dans la réimpression de l'édition de 1564 que préparèrent Conrad Rittershaus et Vitalis de Blois en 1595, il n'est fait aucune mention des nouvelles additions manuscrites de Daniel.

Ces additions, outre leur valeur exégétique, ont encore pour nous cela d'intéressant, que l'auteur y cite de nouveaux manuscrits d'auteurs anciens qu'il avait eu l'occasion de voir ou d'acquérir depuis la première publication. On trouve, en outre, dans ces mêmes exemplaires, deux nouvelles poésies qui devaient orner la seconde édition. Voici la première, qui est signée Delivre P.

>Dum nobis Daniel manu sagaci
>Thesauros aperit vetustiores
>Lethæisque datos aquis libellos
>Luci restituens vetat perire,
>Ecce divitior sibi suisque
>Thesauros cumulat beatiores
>Non furum rapidas manus timentes.
>Ecce tale sibi parat sepulchrum,
>Cui vel invideant Jovi minantes
>Regum pyramides potentiorum,
>Quod non tempus edax ruensque ferrum
>Aut vis fulminis obruisse possit,
>Quod nobisque nepotibusque notum
>Illius feret usque ad astra nomen.

La seconde (au 5ᵉ exemplaire), porte le titre : *Ad Petrum Danielem de hujus fabulæ inscriptione Francisci Danielis carmen* (39). La voici :

>Tam bona, tam locuples, fructu tam divite plena
>   Num Querolus dici fabula jure potest?
>Dum scabra mendosis turpisve erroribus iret,
>   Vulnera dum gereret non medicata manu
>Illa queri potuit: Querolus de nomine dicta est
>   Vero aut si quo alio nomine digna magis.
>At niteat terris cum nunc hæc fabula mendis
>   Et tot opes tacito cum tegat illa sinu,
>Jam Querolus non est, ast Aulutaria Plauti,
>   Magna quod hæc auri pondus ut aula gerat.

(39) Au lieu de *Francisci Danielis*, il y avait d'abord *L. Danæi*. Et le fait est que Daneau, dans une de ses lettres, parle d'une épigramme qu'il avait préparée pour la seconde édition du *Querolus*. Voy. append. XII.

Le livre de Daniel eut un succès flatteur. Son ami Daneau lui écrit pour le féliciter chaudement sur ce travail si sobre et si érudit, et comme preuve de l'intérêt qu'il y porte, il lui donne quelques conseils pour la seconde édition (40). Dans une lettre ultérieure il parle même d'une série d'observations qu'il met à part pour les lui envoyer avec une épigramme (41). Charles Perrot (v. note 15), n'est pas moins explicite dans ses éloges. Il va même jusqu'à dire que le livre de Daniel peut être opposé comme un modèle de vraie érudition, aux productions de plus en plus nombreuses des savants ignorants (42). Le frère de Charles Perrot, Emile, dans une lettre de l'année 1565 très-probablement, communique à Daniel les impressions des savants de l'Académie de Genève sur le *Querolus* (43). Enfin, le second éditeur, Conrad Rittershans, parle (en 1595) des travaux de Daniel d'une manière flatteuse, et fait notamment ressortir qu'il a pu constater, à l'aide d'un nouveau manuscrit que Joachim Camerarius a mis à sa disposition, tout ce qu'avaient de bien fondé une quantité des correc-

(40) Cod. 141, n° 98.

(41) On sait comment il faut entendre ici le mot épigramme ; il est employé dans le sens ancien. (Trad.)

(42) Cod. 141, n° 201, non. Mai 1565.

(43) Cod. 141, n° 205 (sans date, mais v. note 15.) *Veruntamen ne tuæ expostulationi desim, non ex mea, sed eruditissimorum hujus academiæ professorum sententia respondeo. Comœdiam tuam non quidem Plautinam videri, quod et tu non inficiaris, non tamen ideo rejiciendam, quippe quæ et graviter multa dicta et leporem quendam in sese contineat. De loquendi more non iidem sunt omnium calculi. Illud tamen habeto, ex omnium judicio illam eorum, qui operibus nuper notulas libris veterum insperserunt, et lepidiorem et ornatiorem judicari. Hæc est eorum sententia, cui suscribam facile.* Voy. aussi Append. IX.

tions de Daniel (44). Aussi prit-il pour base de son édition le travail de son prédécesseur, et, en le reproduisant intégralement, ne fit-il aucune distinction entre les notes de Daniel et ses propres additions.

Daniel avait aussi l'intention d'éditer Pétrone ; toutefois ce ne fut qu'après sa mort que ses recherches sur cet auteur furent publiées. Elles se trouvent dans l'édition de Georg Erhard (Goldast), Helenopolis (Francfort), 1610, pp. 75 à 98. Celui-ci les avait reçues de Bongars, avec beaucoup d'autres richesses du même genre ; elles portaient le titre suivant : *Petri Danielis Aurelii J. C. notæ, quas ipse vivus sub nomine Pierii Aureliani edere destinaverat*. En effet l'intention de Daniel de publier une édition de Pétrone ressort clairement de l'introduction qui précède ces notes. Ainsi on lit : *prætereundum non puto, quid hac editione a nobis præstitum sit*. Cette édition devait avoir pour base un ancien manuscrit qu'un de ses savants amis lui avait prêté (*eruditi cujusdam amici nostri*) (45), et réunir en outre tous les fragments isolés de Pétrone. Les notes montrent à quel point Daniel se servait des glossaires (46).

Le plus important travail de Daniel, celui qu'on attendait de tous côtés avec une vive impatience, fut la publication

---

(44) C'est dans l'épître dédicatoire à Janus Gruter : *in ea collatione et plerasque P. Danielis emendationes confirmatas et alias insuper novas deprehendi.* — Une nouvelle édition du *Querolus* a été faite de nos jours (1875) par R. Peiper, Lipsiæ, Teubner ; elle contient beaucoup de renseignements sur le travail de Daniel.

(45) M. Hagen pense qu'il est ici question du manuscrit de Saint-Benoist appartenant à Daniel lui-même.

(46) On ne sait trop à quelle période de la vie de Daniel rattacher ces études sur Pétrone. Toutefois, il est probable qu'elles sont contemporaines de la coopération de Daniel à l'édition de Patisson, en 1577. C'est ce que pense aussi Janus Douza.

du *Servius*. Il ne le publia qu'en 1600, et après plusieurs années de travail. Le conseil d'Horace *nonum prematur in annum* était plus que deux ou trois fois suivi (47). Aussi, lorsqu'il fut enfin livré à l'impression, s'en communiqua-t-on joyeusement la nouvelle (48).

Outre le texte de Vergile et le commentaire de Servius, ce volume comprend l'ouvrage de Fulgentius *de Continentia Vergiliana*, puis des extraits de Junius Philargyrius sur les *Bucoliques* et les *Géorgiques*. Enfin on y trouve les différentes *Vitæ Vergilii* de Servius, de Donat et de Phocas, et les deux épigrammes de l'anthologie latine concernant Vergile (49). Deux poésies d'amis, à l'éloge de l'éditeur, y sont également insérées.

On doit regretter que Daniel ait si longtemps retardé la publication de son *Servius*, car il lui est devenu difficile de désigner exactement les différents manuscrits qu'il a consultés. Il se plaint lui-même, dans la préface, de ce que les manuscrits dont il s'est jadis servi n'étant plus à sa disposition, il ne peut indiquer d'une manière assez précise à quelles sources il a puisé les diverses additions. Il ne put dès lors indiquer que d'une manière générale les manuscrits qu'il avait surtout consultés. Enfin ce ne fut qu'au dernier moment, et lorsque son ouvrage était déjà

---

(47) Déjà, au mois de novembre 1574, Tidemann Gisius, en demandant à Daniel de l'aider à publier les œuvres du juriste Duaren, fait la remarque que la publication par Daniel des écrits de Duaren qu'il possède, serait après ses *Maroniana*, ce qu'il pourrait publier de plus important. Cod. 141, n° 171.

(48) Lettre de de Thou à Juste Lipse (*Sylloge epist. virorum illustr.*, ed. Burmann I, p. 405). Casaubon à David Höschel (*Casaub. epist.*, n° 165).

(49) Nous avons conservé l'orthographe choisie par M. le professeur Hagen, et dit Vergile, au lieu de Virgile. D'ailleurs c'est la vraie orthographe, paraît-il. (Trad.)

livré à l'impression, qu'il parvint, grâce à Bongars, à collationner un manuscrit très-important, celui de Fulda.

En ce qui concerne la reconstitution du texte, Daniel s'en tint à la reproduction la plus fidèle des différents manuscrits, là même où ils étaient fautifs et faciles à corriger. Et c'est là incontestablement le grand mérite de cette publication ; car, à cause même de ces lacunes, que nous avons expliquées plus haut, elle a inauguré une ère nouvelle dans la littérature du *Servius*. En tout cas le jugement des *Scaligerana*, que plus tard Baillet a exagéré outre mesure, paraît injuste à cause même de sa généralité (50).

Nous avons indiqué plus haut (v. note 28) les autres travaux philologiques de Daniel (51). Il voulait encore publier une ancienne traduction latine du traité d'Epiphane : *De ponderibus et mensuris*. Mais ce qu'il travailla beaucoup ce furent les grammairiens latins. Déjà, en 1565, son frère François le pressait de s'occuper de leur publication. Cette demande ne fut pas sans résultat, comme on le voit, mais les études de Daniel sur ce sujet n'aboutirent cependant à rien de précis. Plus tard les matériaux qu'il avait réunis furent communiqués à Putsch par Bongars.

Daniel ne travaillait pas seulement pour lui-même, mais aussi pour d'autres. Lorsque Daneau publia sa traduction de Tertullien, Daniel ne recula pas devant la tâche de la

---

(50) *Scaligerana*, p. 310. Baillet, *Jugement des savans*, etc., t. II, p. 180.

(51) Il s'occupa encore de Priscien et de Solinus, comme on le voit par une lettre d'Elie Vinet ; de Juvénal, par une lettre de Daneau. Th. Canter cite des recherches spéciales sur *mulcare* et *mulctare*, et on trouve bien d'autres études philologiques dans le Cod. Bern. 189. Morhof polyhist. IV, cap. VII, n° 13, lui attribue la découverte de la *Glossæ S. Germani*. Cf. Scaligerana, p. 135 à Germani, et à Glossaires.

revoir exactement, à ce point que Daneau pouvait l'appeler le père de l'ouvrage. Il s'efforça aussi de trouver un imprimeur pour un ouvrage laissé par Brodeau (de Tours), et dans cette entreprise Gifanius (52) lui prêta son concours. Nul doute qu'il n'ait également répondu d'une manière favorable à Tidemann Gisius que lui demanda communication (53) des œuvres du juriste Duaren qu'il voulait éditer (53 *bis*).

On lui doit encore une édition des épigrammes de Bu-

---

(52) Nous avons conservé à van Giffen son nom de Gifanius ; d'autant plus facilement que nous savons que son nom est bien connu à Orléans, grâce aux travaux de M. E. Bimbenet sur l'Université des Lois d'Orléans, en général, et sur la nation allemande (dont Gifanius fit partie) en particulier. Nous sommes heureux de trouver cette occasion de remercier publiquement M. E. Bimbenet de la bienveillance si constante et si précieuse qu'il a bien voulu nous témoigner depuis le début de nos recherches sur le Protestantisme à Orléans pendant le xvie siècle. (Trad.)

(53) C'était plus qu'une communication que demandait Tidemann Gisius ; c'était une collaboration. Cf., note 47. (Trad.)

(53 *bis*) Pierre Daniel publia en outre un ouvrage du juriste Claudius Cautiuncula (d'après Pataud : *Claudii Cautiunculae epistola ad Andream Alciatum*, Orléans 1561) avec une préface sous forme de lettre. F. Chrestien lui écrit à propos de cette publication : *Accepi Epistolam illam Cautiunculæ ad Alciatum, quam mihi misisti per Touzellii liberorum præceptorem traditam. Legi ego illam libentius, non solum qua Cantiunculæ eruditionis multijugæ magnam conceperam opinionem (nam et illius elegantes supra modum Hendecasyllabos legi aliquando non sine magna oblectatione), sed etiam quia epistolam tuam elegantem legere mihi licuit. De quâ nihil aliud dicam..... nisi quod suum autorem referat et ἀνώνυμος me non fallere queat.* (Cod. Bern. 141, n° 132.)

Claude Cautiuncula, célèbre jurisconsulte de la première moitié du xvie siècle, était de Metz. Cf. Moreri, 18e Ed. II, let. C., p. 83. (Trad.)

chanan (54). Ce qui le décida à la faire ce ne furent pas seulement ses relations d'amitié avec l'auteur, mais aussi son vif intérêt pour la poésie. Lui-même avait été poète à ses heures. Il est bien possible que dans le *Recueil de poésies* du Cod. Bern. 148 tel ou tel morceau soit de Daniel (55). Nous avons en tout cas l'esquisse d'une épitaphe pour Turnèbe, sur le dos d'une lettre, au n° 205 du Cod. 141. Du reste, il passait pour avoir, en matière de poésie, un jugement sûr et un goût délicat. Ainsi deux poètes soumettent à sa critique leurs productions poétiques ; et l'un d'eux appuie sa demande sur le fait que plusieurs autres poètes ont, dans des circonstances analogues, retiré un grand profit de s'être adressés à lui (56) (V. App. vi, viii, etc.).

Les contemporains les plus célèbres de Daniel lui reconnaissent de l'érudition, une lecture considérable, un sens critique très-sûr et un goût délicat. Carrion, dans son édition de *Salluste*, écrit que Daniel est animé du plus grand zèle pour les recherches sur l'antiquité, et qu'il la connaît parfaitement. Janus Douza, Schoppius, Daneau, d'autres encore, n'en parlent point autrement. Tidemann insiste sur l'universalité de ses connaissances et son *studium vetus et bene spectatum in omne genus doctrinæ litterarumque*. Ce qu'on loue surtout chez lui, c'est l'exactitude avec laquelle il collationne les manuscrits.

---

(54) Gifanius à Daniel, IV id. Mart. 1567 (Cod. Bern. 151, n° 159) : *Vidimus hisce diebus Epigrammata Dn. Buchanani a te edita, qua re dici non potest quantum omnes tibi debeant*, etc.

Buchanan est trop connu pour que nous ajoutions le moindre détail biographique sur son compte. Nous ferons seulement remarquer qu'il serait singulier qu'un bon catholique eût édité les épigrammes de Buchanan. (Trad.)

(55) Cod. 141, n°ˢ 131 et 132.

(56) Ce sont Vaillant de Guellis et Adamson. Cod. 141, n° 192 et n° 213.

Gifanius lui rend ce témoignage, qu'il sait mieux que personne avec quelle conscience on doit examiner et apprécier même ce qui est fautif dans un manuscrit. Bongars confirme cet éloge dans l'édition du *Cornelius Nepos*, publiée à Francfort, en 1608 (57).

C'est aussi par cette estime générale qu'on peut expliquer pourquoi, dans le projet de dédicace à Daniel du *Valère Maxime* que Christophe Colerus et Bongars éditèrent, Bongars dit à Daniel qu'on a choisi son nom célèbre pour rendre l'ouvrage plus agréable aux bons, et pour le mieux protéger contre les envieux (58). Ce n'est donc point une vaine flatterie d'Aignan de Contes, lorsque, dans un enthousiaste panégyrique, il loue Daniel de ce que beaucoup de personnes considérables et haut placées ont cherché, par des attentions, à gagner ses sympathies (59).

> Quæ tibi tam charo reddam pro pectore dona?
> O fœlix clari soboles patris! En erit unquam
> Ut memorem testari animum in tua commoda possim
> Et parte ex aliqua bene facta reponere nostris?
> Non etenim hæ nobis vives, contendere ut æquo

---

(57) Lettre à Daniel, cod. 141, n° 166; du 20 juin (l'année n'est pas indiquée).... *Nosti tu unus omnium optime, quam religiose omnia et mendosa sint imitanda.*

(58) Lettre de Bongars à Daniel. Cod. Bern. 149 b., n° 405: *ne sine patrocinio opus hoc prodiret in publicum visum ei præscribere clarissimum nomen tuum, quo et bonis gratior, et a malignis tutior veniret in manus hominum. Claritudo nos ipsa tui nominis ad hoc invitavit: invitavit antiquissimus et optimus codex tuus, qui præcipuam Colero novæ editionis occasionem dedit.* Le manuscrit dont il est ici question est maintenant le cod. Bern., n° 366.

(59) C'est ce que dit aussi Bongars. Cod. Bern. 141, n° 173. — Nous ajouterons à ce que nous avons déjà dit sur Aignan de Contes (cf. note 15) que nous avons trouvé deux personnes portant ce nom-là. Outre l'échevin Aignan de Contes, il y a encore un Aignan de Contes, sieur de la Blémendière ou Bémendière. **Tous deux étaient protestants en 1568.** (Trad.)

Certantes tecum possimus pondere, pridem
Invitum sua quem meditatur tollere fama
Et populis propria spectandum prodere luce !
Nam morum quamvis animique modestia pugnet
Synceris contenta bonis securaque laudum,
Ventosæ quas ferre solent suffragia plebis,
Egreditur patrios læto tamen alite fines
Vix jam se capiens solitis tua gloria metis
Jam nulli non nota bono. Quid pendere viles
Possimus pulli, quos vix vicinia novit ?
Aut quæ illi a nobis olim sit gratia digna,
Quem sibi tot proceres meritis vincire laborant ?
At victo saltem et tibi se debere fatenti
(Si magnis nequeunt humiles prodesse) manebit
Accepti quondam officii mentisque benignæ
Æternum pectus memor et studiosa voluntas,
Hoc uno mærens a te certamine vinci.
Cætera nam facilis cedit tibi. Suscipe, victor,
Captivum imperioque tuo vinclisque tumentem,
Tam grata nunquam cupiat qui compede solvi,
Imo ut jucundo tibi nos adamantina nexu
Perpetuum religet, doctorum o magna voluptas!

Malgré tout cela, Daniel resta modeste. Nous le voyons en effet répondre au jeune Gulielmius qui avait parlé de son *elegantissima subtilitas judicii*, qu'il le prie de ne pas lui faire de pareils compliments à l'avenir, n'ayant ni titres suffisants pour les mériter, ni assez d'illusions sur lui-même pour les revendiquer (nachjagen).

Ainsi cet homme remarquable avait pu, déjà de son vivant, et dans une large mesure, jouir d'une juste considération. Dans les siècles suivants son souvenir s'est de plus en plus effacé. De nos jours, au contraire, où l'esprit du siècle est aux études sérieuses de toutes les sources et dans toutes les branches de la science, son souvenir est redevenu vivant par suite de l'emploi toujours plus fréquent de son inestimable collection de manuscrits. Puissent ces lignes y contribuer aussi en quelque mesure !

APPENDICE.

DOCUMENTS RARES OU INÉDITS.

Nous avons déjà dit, dans l'Introduction, que M. le professeur Hagen avait publié, comme Appendice à sa biographie de Pierre Daniel, dix-huit lettres inédites de savants du XVIe siècle. — Toutes ces lettres n'ayant qu'un intérêt strictement philologique, nous avons demandé à M. Hagen s'il verrait quelque inconvénient à ce que nous ne les reproduisions pas, et si peut-être il voudrait bien nous envoyer à leur place quelques documents plutôt historiques que philologiques, et plutôt sur les Daniel, ou sur Orléans, que sur les différentes leçons d'un ancien texte. Sa réponse a été des plus favorables, et nous ne serons certainement pas seul à l'en remercier.

Voici la nomenclature des dix-huit lettres en question. La première est du célèbre Jos. Scaliger, la seconde et la troisième sont du professeur bordelais Elie Vinet, et datées de février 1566 et d'octobre 1568. Vient ensuite la réponse de Pierre Daniel à cette dernière (la 3e); ou plutôt le brouillon de cette réponse, sans adresse ni date, et dont le contenu seul a pu indiquer le destinataire. — De nouveau trois lettres du même Elie Vinet : la première sans autre désignation que : *Nonis Februariis* ; la seconde de mars 1578 ; la troisième de juillet même année. En tout cinq lettres de Vinet dont trois en français. — On trouve ensuite trois lettres d'Ob. Gifanius: la première en français et en latin est écrite de Strasbourg, sans désignation d'année ; la seconde, écrite d'Orléans, est de février 1567 ;

la troisième, écrite de Strasbourg, est de janvier 1578. — Suivent deux lettres de Jean Brodeau, de Tours; octobre 1561 et décembre 1564. Nous le pensons du moins, car l'année n'est pas désignée, mais la lettre paraît avoir été la réponse de J. Brodeau à l'envoi d'un exemplaire du *Querolus*. — Les n°ˢ XIII et XIV de l'appendice sont deux lettres de L. Carrion, le savant éditeur de Salluste. — Ce L. Carrion, nous écrit M. Hagen, était de Bruges. Voici comment il date la première de ces deux lettres : *Aureliis e collegio D. Columbæ, 5 idus novembris 1580;* et la seconde : *Aureliani XII kal. junias 1583.* C'était donc un Orléanais d'adoption. — La lettre n° XV est de Théodore Canter, de mars 1571. — La lettre n° XVI est de Lambert Daneau. Elle ne porte point de désignation d'année ; mais comme Daneau y parle surtout du *Querolus*, nous la daterions volontiers : de Gien, octobre 1564 (1). — L'avant-dernière lettre est d'un jeune homme du nom de J. Gulielmius et porte la date : *XI kal. novembris, anno 1563.* Elle est écrite de Paris.

Nous voici maintenant arrivé à la XVIII° des lettres éditées par M. Hagen, et comme c'est par là que nous commencerons proprement notre appendice, nous lui donnerons le numéro I. M. Hagen n'en avait cité qu'une partie, mais il a bien voulu nous envoyer la suite en ajoutant : « qu'il était dommage que François Daniel écrivît si
« mal, car il était parfois impossible de déchiffrer ses
« lettres. »

I.

François Daniel à Pierre Daniel. (Cod. Bern. 141, n° 198.)

Mon frère ! les petites occupations, que j'ay eues ces jours passez, ont esté cause de ce que je ne vous ay sitost escrit, comme je voul-

---

(1) Nous nous sommes décidé à l'ajouter aux autres pièces qui forment notre Appendice. V. n° XII.

droys avoir faict pour vous contenter des notes de Cujacius que je vous envoye maintenant. J'ay recouvre ces jours passez des épistres d'Ovide et un Marcianus Capella escritz de main, lesquelles je vous offres. Vous en avez besoing, et d'aultant que je ne pense vous avoir satisfaict sur quelques passages de Térence lesquels me demandiez quelque temps a. Scachez. que dans l'argument ou périoche de l'Andria, au vieil exemplaire de M. Roussard, qui est escrit *Langobardicis literis*, il y a « *desponderat.* » Dans le mien, qui n'est moins ancien et que je trouve en plusieurs passages bien correct, il y a « *desponsaverat ;* » le tout escrit en l'un et en l'autre fort disertement. Dans le mien aussy je trouve qu'il est repugnant d'avec celuy dudit sieur Roussard et des imprimez. Car le mien a « *puerum* » et non « *puerulum,* » et puis après « *ex insperato agnitum,* » mais les imprimez et celuy dudit sieur Roussard n'a (sic) point « *ex.* » Dans tous les deux escritz il y a à la fin « *hanc Pamphilo dat* » et non comme aux vulgaires « *dat Pamphilo hanc.* » Quant au dernier vers de la périoche des Adelphes « *exorato suo patre duro Demea* » il est dans celuy dudit sieur Roussard, mais dans le mien ny cela ny l'argument n'y sont. Je vous prie, sy nous volons sortir quelque chose de Agroetius, Caper, Fronto, Beda et autres, comme Fulgentius non imprime et plusieurs autres, qu'avez. Et si les derniers livres du sieur Turnebus sont achevez, je vous supplie nous en envoyer. Mons. Vaillant m'a charge derechef de vous prier de luy retenir l'Aristophane Grec et Théocrite a cent dix solz, comme m'avez mande, et vous en envoyeray un de ces jours l'argent par celuy qui portera les mémoires de notre cause de..... J'ay este veoir Mons. le cardinal de Chastillon à Sainct-Benoist, qui m'a dit vous avoir veu à Paris et par le moyen de Mons. du Rondeau il m'a ordonne pension pour estre a son conseil, jusques a ce que je puisse exercer le baillage. J'espère qu'en aurez aultant par de la de son evesche de Beauvais la première fois que le verrez et que lui demanderez. Je ne doubte que ayez la veu Monsieur Grault et ma cousine qui sont par de la, et, si les voyez encore, faictes mes recommandations. J'ai receu de Monsieur de Manieres ce que lui aviez baille.

Au surplus je vous prie visiter souvent le présent porteur qui est Monsieur de Kotteman notre bon seigneur et ami, et, comme vous debvez, aidez-le en ce que pourrez. Vous nous recommanderez au seigneur de Bab (?) qui aura ceste sepmaine..... (Trois mots illisibles.)

Autre chose ne vous scauroys mander pour cest heure sinon que tout se porte bien par.... grace à Dieu et avons receu.... (mot illisible) Alphonse qui si est arrivé a Sainct-Poursain près Moulins ches un practicien. Theophile aussi qui estoit allé à Estampes est de retour. Je prie a Dieu qu'il vous maintienne en sa garde. — D'Orléans ce mercredy deuxiesme de may 1565. Votre frère et meilleur amy. Franc. Daniel.

II.

Lettre de Charles d'Espeville au père de Pierre Daniel, copiée de la main de ce dernier.

Au verso et en suivant, on trouve d'autres copies de lettres échangées entre Calvin et François Daniel père. Charles d'Espeville n'est pas autre chose qu'un des pseudonymes de Calvin que ses ennemis, qui les avaient rendus nécessaires, n'ont pas manqué de lui reprocher avec aussi peu de charité que de justice. Cette lettre a été copiée par M. Hagen sur le Cod. 141 n° 50 (1).

Monsieur et bien-aimé frère, j'ay differe jusques a main [tenant] vous escrire de votre fils, tant pour me résouldre mie [ux avec] le temps de ce que jauroys a vous en mander, q [ue par] faulte de mes sager seur et propre. Je ne doubte pas [que vous] estes fasche de son portement estant frustre de votre e [spoir et] intention quant au train que vous lui vouliez faire [suivre]. Mais je vous prie de ne pas tellement lascher la bri [de a vos] passions que vous ne jugiez en equite pour trouver [en] ce qu'il a faict s'il est de Dieu. Si vous eussiez eu [ce] courage qu'il estoit bien requis de vous acquiter de v [otre] debvoir, il a longtemps que luy eussiez monstre le chemin. Mais si vous estes froid et tardif a sortir de l'abysme ou vous estes plonge, pour le moins ne portes pas envie a vos enfants si Dieu les en delivre : mais prenes occasion de leur exemple a vous inciter et (à ?) faire tous efforts pour en sortir. Selon que jay apperceu, il me semble du tout que vostre fils na pas este pousse ny induict de legierete, mais que la crainte de Dieu la contrainct de (à la marge : a) se retirer des superstitions auxquelles Dieu estoit offense. Vous ne debues estre marry que l'authorite de Dieu soit preferee a votre contentement. Ce qui me faict juger que le jeune homme na eu autre regard que de servir purement a Dieu est qu'il se porte icy modestement et sans aucun signe que de droicte Chrestiente. Il na encor eu nul secours de moy : combien qu'il nait pas tenu a luy offrir de bon cueur : et seray tousjours prest pour l'amour de vous l'aider selon que ma petite faculte le portera. Mais surtout je désire que vous soyes appaise

---

(1) Pour ne pas exposer M. Hagen à subir la responsabilité d'erreurs qu'il n'aurait point commises, nous ferons remarquer que c'est nous qui avons ajouté presque toujours ce qui se trouve entre crochets. Et si nous avons négligé d'ajouter chaque fois, suivant l'usage, un point d'interrogation, ç'a été simplement pour éviter de surcharger le texte. Cf. Bonnet, *Lettres franç*. de Calvin, t. II, p. 284.

envers luy. Ce nest pas comme sil vous eust quicte a la façon des garsons desbauches : mais puisqu'il a eu zele de suivre Dieu, vous aves bien a vous en contenter ; de quoy je vous prie bien affectueusement. J'espere apres avoir eu quelque response de vous escrire plus a plain. Cependant après m'estre de bon cœur (*sic*) recommande a vous, a Madame vostre mère, a vostre femme, je supplieray notre bon Dieu vous avoir tous en sa garde, vous gouverner par son esprit et vous accroistre en toute prosperite. Ce 25 de juliet 1559. Voctre humble frere et entier amy Charles d'Espeville.

A Monsieur et frère, Monsieur le balif κατ' ἐξοχὴν (à la marge mais correspondant à un renvoi) de chapistre.

III.

Lettre de Jean Calvin à François Daniel père.

Cette lettre paraît provoquée par la réponse favorable que Daniel avait faite à la lettre de Charles d'Espeville (Calvin) qui précède. Elle se trouve dans le Cod. Bern. 450, 48, n° 66.

Quod te mea deprecatione exorari passus es, ut filio dares veniam, gratum mihi officium fuit, et quod suavem reduxit memoriam veteris nostræ amicitiæ cujus te non esse oblitum cognovi. Adolescentem ipsum serio hortatus sum, ne studium juris civilis abjiceret. Excepit initio sibi minime cordi, esse scientiam illam, cujus nullum speraret usum sibi fore, et habebat speciosos colores, quando tot corruptelis hodie civiles vestræ actiones sunt refertæ, cur non libenter ad eas adjiceret animum, sed postquam officii sui ipsum admonui ac præsertim crimen ingratitudinis non posse effugere, nisi voto tuo morem gereret, promisit se facturum quicquid ex tuo jussu præciperem. Etsi autem auctoritate mea victus cessit, ne quid tamen dissimulem, animadverti illuc invitum trahi. Cæterum quoad per occupationes licebit, operam dabo ne extra metas suo arbitrio vagetur; neque enim timendum, ne pro fervore aetatis lasciviat, si temporis progressu minus in Jure Civili quam optandum sit proficere videro ; consilium ex occasione nobis capiendum erit. Scis enim quam difficile sit ingenuas naturas cogere. Curabo etiam ut liberalibus doctrinis se addicat et simul admisceat Theologiæ studium. Certe apprime necessarium est, ad quodcumque vitæ genus eum destines, ut se probe exerceat in pietate. Hactenus non video, cur tibi molestus ejus discessus esse debeat, unde fructus non pænitendus jam apparet. Utinam te quoque ex laqueis quibus teneris implicitus, aliquando exoluas. Quod mihi tuis literis præscriptum est, menstruis pensionibus accipiet. Porro quia vestis quæ domo advehebatur, Lugduni furto ablata est, aliam mediocris pretii, quæ ab hyemis frigoribus eum protegeret, negare puduit. Hæc in præsentia. Si quid novi tempus attulerit, fideliter indicabo. Frambergio nostro, quia non aliter consulere possum æternæ ejus saluti, saniorem animum precor, ne in sordibus suis semper tabescat. Quid de patre bonæ requietis dicam? qui in fæcibus suis residet nimis secure. Deus vos omnes spiritu suo gubernet; tueatur, sustineat virtute et donis cælestibus locupletet : tuamque familiam sua benedictione magis ac magis prosequatur. Vale iterum atque iterum, eximie vir et amice mihi colende, 6. Calendas, décemb. 1559.

IV.

Du même au même. (*Ibid.*, n° 67).

Filius patruelem quo jussisti sequutus est. Adolescentis ingenium ne sua agilitate huc et illuc feratur, opus freno habere prudenter judicas, præsertim vero ut se contineat in uno studii genere, deinde ut solidæ eruditioni se addicat potius quam ambitiose circumagatur ex singulis artibus aliquid leviter gustando. Pollet acumine, satis fœliciter institutus est. Modo immodicus fervor, commune ætatis vitium corrigatur, bonam frugem producet, quod fore certo confido quia et modestiam præ se fert et breve tempus aliquid maturitatis jam sponte attulit. Si Juri civili eum cupis serio incumbere, stimulandus erit, quia alioqui non admodum propensus est. Aurei septem et solidi vigenti quos a me acceperat, numerati sunt. Puduit certe, quum pridem in ære tuo sim, recipere. Nec vero si paulo essem locupletior, passus fuissem vel assem unum mihi reddi, sed persuadeas tibi velim, me et tuum esse et quantulumcunque habeo semper tibi ac tuis fore paratum. Tantum quod sæpius facere in animo fuerat, strenarum nomine duabus tuis filiabus mitto singulos Henricos, ut saltem ad illas perveniat exiguum hoc meæ gratitudinis pignus. Vale eximie vir et integerrime frater. Plurimam amicis salutem precor, Dominus te cum familia tueatur, gubernet ac sustineat perpetuo. Pridie Idus Februarii 1560.

Nous sommes tout particulièrement reconnaissant à M. Hagen de nous avoir fait connaître et permis de publier les trois lettres qui précèdent. Elles nous donnent en effet d'intéressants détails sur la famille Daniel, sur le peu d'enthousiasme du jeune François pour le droit civil, sur son escapade et sur le pardon qu'obtint pour lui, auprès de son ancien ami, le Réformateur de Genève.

Un moment nous avons cru que le bailli κατ'ἐξοχὴν n'était pas protestant ; mais l'ensemble et le ton des trois lettres nous ont paru, en fin de compte, contrebalancer et au-delà les deux phrases qui avaient provoqué nos doutes. Quel singulier catholique, d'ailleurs, que cet homme qui met ou qui laisse son fils sous la direction de Calvin ! (1)

Parmi les détails que ces lettres contiennent, nous ferons remarquer qu'il y est question de la mère, de la femme et des deux filles de Daniel ; c'est ainsi qu'elles nous font entrer, pour ainsi parler, dans l'intérieur du bailli de St-Benoit.

Mais elles ont encore une autre et bien précieuse qualité à nos yeux. On y trouve Calvin ; non plus le théologien, mais l'homme, l'ami de la maison. On le prend sur le fait : il intercède pour un fils rebelle et qu'il a d'abord sévèrement réprimandé ; il le reçoit chez lui, trouve le temps de s'occuper de ses études, s'inquiète de ce qu'il n'a point d'habit d'hiver.... en un mot lui sert de père. Avec quel empressement il saisit l'occasion de renouer des relations avec son ancien condisciple, et comme il sait être affectueux dans ce qu'il lui écrit, en particulier à la fin de chaque lettre ! On le voit encore s'excuser de recevoir un argent qui lui est dû, et protester que, si ses moyens le lui eussent permis, jamais il n'y eût consenti. Et certes ce n'est pas là une parole en l'air — si jamais Calvin en prononça de telles — chez un homme qui mourut, comme on sait, en laissant *deux cent vingt-cinq écus* « tant en livres qu'en meubles, vaisselle et *tout le reste.*» Mais s'il accepte, du moins fera-t-il un cadeau aux deux filles de son ami. Nous voilà bien loin, n'est-ce pas, de cet homme sans affection, sans lien de cœur, ne sachant que haïr.... que nous dépeignent si volontiers les Bolsec anciens ou modernes.

(1) Peut-être serait-il plus sûr de dire qu'il appartenait au parti modéré ; à cette classe d'hommes trop éclairés pour se dissimuler la nécessité d'une réformation, trop religieux pour ne pas l'appeler de leurs vœux, mais qui la voulaient et la croyaient possible sans rupture. Illusion respectable, dont les événements, alors et depuis, ont montré la vanité. — En tous cas on peut dire de ces hommes que s'ils n'étaient protestants que *virtuellement*, *réellement* ils n'étaient plus catholiques.

V.

(Cod. 450, 48 n° 6.) *Jacobus Cujacius, Franç. Danieli, Adolescenti, S.*

C'est Pierre Daniel qui a ajouté *Adolescenti*, avec la remarque : *vacat in archetypo*.

Binas a te accepi literas non minus amoris erga me tui quam eruditionis indices certissimas, pro quibus hoc tempore, quo partim vertendis Græcis interpretibus, partim quotidianis recitationibus misere distringor, hoc solum ut reponam otii mei ratio patitur, voto me tuo satisfecisse literis ad patrem scriptis. Quantum pondus sint habituræ, tu videris. Qua ab homine ne de facie quidem illi cognito, forsitan nullum, qua hac fini, ne recalescentem ex integro te repetentemque acroamata nostra remoretur forsitan et aliquod. Interim abunde est quod roganti parui. Si impetraro, quæso Prudentii memineris quem missurum vel allaturum te nobis jamdiu pollicitus es. Vale Biturigis Kal. martiis 1560. Ne mirere lituras. Hæc scripsimus veluti precario.

VI.

Epitaphe de Turnèbe (Adrien), par Pierre Daniel.

Cod. Bern. 141, n° 205. — Le manuscrit original porte plusieurs corrections successives ; nous les désignerons par M. *(manus)* I, II, ou III ; les chiffres marquent de quel vers il est question.

    Nolo alias tumulo, Turnebe, inscribere laudes
        Mi satis est nomen vel posuisse tuum.
    Accedat tamen hoc tantarum in munere laudum,
        Quod bene vixisti, quod bene mortuus es.
5. Cum sacra abhorres sacrilega expendisque te ipsum
        Speranti cœlos prospiciens animæ,
    Laus tibi perpetua hæc est ; nempe ubi vivere totus
        Incipis in Christo, nunc super astra manes.
    Atque utinam hoc factum bene possint conquoquere omnes !
10.   Tum facile noscent, quam bona mors fuerit,
    Quisquis enim Turnebi adeo contemptor et osor
        Credulus est, illum mortuum et esse atheon,
    Fallitur et contra est atheos me judice habendus
        Turnebo dicens tam male et absque Deo.

V. 3. Addatur tamen, M, I. 4. Vixisti recte qui bene, M. I. Vixisti recte tum bene, M. II. 5. Dum sacra, M. I. 7. Perpetua hæc tibi laus est, M. I ; quippe ubi, M. I. 10. Et facile, M. I ; quam pia, M. I. 11. Quisquis enim est adeo illius contemptor et osor, M. I ; Hujus enim quisquis malus est contemptor et osor, M. II ; Quisquis enim malus est adeo contemptor et osor. M. III. 12. Ut sit Turnebus mortuus illi atheos, M. I. Turnebi ut sit ei mortuus hic atheos, M. III. 13. Scelestus habendus, M. I.

Pour le cas où tel de nos lecteurs devrait être surpris du ton apologétique de cette épitaphe, nous ajouterons quelques lignes explicatives. Durant sa dernière maladie, Turnèbe refusa de voir aucun prêtre, et il prescrivit à sa femme « de le faire inhumer sans aucun apprêt et sans aucune pompe funèbre. » Un tel exemple, parti de si haut (1), provoqua, on le comprend, bien des colères et même une accusation formelle d'athéisme ; d'où l'insistance de Pierre Daniel à dire que Turnèbe est « *bien mort* ». N'est-ce pas une preuve de plus, entre tant d'autres, que Turnèbe mourut en protestant, et que Pierre Daniel, qui parlait ainsi de cette mort, vivait comme Turnèbe avait voulu mourir ? Il nous le semble. --- V. dans le *Bulletin de la Soc. du Protestantisme*, III, 665-680, l'excellente notice de M. Charles Waddington, sur Adrien Turnèbe.

VII.

Lettre de François Daniel à Pierre Daniel, sur les affaires du bailliage de Saint-Benoit (2). (Cod. 141, n° 194.)

Mon frère, je vous ay escrit puis naguères par votre homme et depuis plus amplement par son cousin Chastellier. Toutesfoys, je n'ay receu aulcune responce de vous qui me faict remettre la main

---

(1) Montaigne, qui se connaissait en hommes et en savants, et qui avait été l'élève de Turnèbe, dit de lui : Comme j'ay veu Adrianus Turnebus, qui n'ayant faict autre profession que des lettres, en laquelle c'étoit à mon opinion, le plus grand homme qui fut il y a mil ans..... Au dedans, c'estoit l'ame la plus polie du monde..... ce sont natures belles et fortes..... (*Essais*, l. 1, chap. XXIV ou XXV, dans certaines éditions, par ex. celle de Lyon 1593).

(2) De nouveau à propos de cette lettre, M. le Professeur Hagen se plaint de la

de la plume, et vous advertir de poursuyvre l'effet de mes dernières lettres mesmes en ce qui regarde le baillage de St-Benoist. J'ay entendu et sceu certainement que Monseigneur le Cardinal à l'induction de Monsieur de Lassaulx, comme j'ay apperceu pour la hayne qu'il porte a mon oncle Mairat et pour le mauvais comportement de mon dit oncle avec les officiers des lieux il veult changer et innover l'estat de sa justice à son grand préjudice et a notre plus grand dommage. Parce qu'il entend demembrer la juridiction qu'a le bailly du dit St-Benoist sur toutes les chalenges dependantes du dit lieu et de laisser toute cognoissance aux lieutenans residans sur les lieux ce qu'ayant lieu vous pouvez cognoistre que la promesse que Monseigneur le Cardinal nous a faicte seroit de nul effect et que le bailly ne seroit sinon *titulo tenus*. Et toutefois j'ay entendu qu'on est sur le poinct de besongner a cest affaire en ceste sorte et que pour toute recompense il nous laissera le baillage de la seulle chalenge de Saint-Benoist, les aultres estant distribuees aux officiers qui sont sur les lieux. Qui donneroit occasion de faire evanouir les droictz de Monseigneur et de son abbaye, laquelle ayant sa justice de tout temps et anciennette administrée par un Bailly, difficilement pourra elle maintenir ses droictz, si la cognoissance des affaires lesquelles sont connexes n'est apportee a un qui soit superintendant et estant (?) ordinairement a Orleans ou les affaires de Monseigneur............ et fondent au grand soullagement des recepveurs et officiers de Monseigneur. Je scay bien que ceulx qui m'ont faict recit de cecy m'ont allegue ce qu'en avoit pratiqué l'évesque d'Orléans, mais oultre la grande différence qu'il y a entre l'un et l'aultre n'estant un evesque astrainct a aulcun comme est un abbé a ses religieux, y a plusieurs consyderations que ne peuvent tomber en ceste.......cy. En premier lieu parce qu'il n'y a point de siege en ceste ville pour le Bailly de Saint-Benoist comme pour le Bailly de l'Evesche, lequel encores qu'il ayt quicte les baillages de Meung, Pythiviers, Jargeau et aultres si est-ce qu'il ne laisse d'avoir sa juridiction et particiner aux espices des procès comme auparavant et si a este grandement recompense par ceulx auquelz ont este vendus ces estatz. Davantage les chalenges de St-Benoist estant esparses et esloignees les unes des aultres et mesmes de l'abbaye qui est le chef augure (?) se doib-

mauvaise écriture de M. Daniel; il a copié ce qu'il a pu lire, et comme il a pu lire, mais on ne peut que regretter avec lui que le sens échappe si souvent, faute de pouvoir se rendre compte des mots écrits.

A la marge: J'ay depuis sceu....... nement que cest afaire susc....... des lieutenans de Chalon (?) sur Loyre et.................. qui ont faict plainte à Monsieur l'Amiral de mon oncle et que par ce moyen Monsieur l'Amiral en a escrit a Monseigneur le Cardinal. Car quant a Monsieur de Lassaulx, j'ay parlé a luy et m'a tres bien (?) dict qu'il n'est d'avois de faire departement aulcun ne demembrer rien de l'estat de bailly.

vent rapporter toutz ces membres (toutes ensemble ?). Il y a danger que si elles sont delaissees aux officiers des lieus qui sont la pluspart ignorantz de droict et des bonnes lettres voire des droicts de la dite Abbaye, les appartenances dicelle soyent usurpées par les juges Royaulx prochains voisins lesquels ne fauldraient si cela advenoit aller tenir leurs assises en ces chalenges, comme puis nagueres le Bailly de Montfort a faict a Souchamp, et comme les fermiers des consignations du baillage d'Estampes viennent enjamber sur les limites du dit Souchamp, Auton et le Plessis comme aussy il se feroit ordinairement es aultres lieux si nous n'y prenions garde de près. Il y a encores un aultre vice et lequel s'est puis nagueres descouvert, c'est que la pluspart des officiers comme greffiers, procureurs fiscaulx et semblables pour la grande familiarite qu'ilz ont avec les juges procedante d'une assiduelle fréquentation voire es tavernes et lieux publics, distribuent la justice comme il leur plaist, sans faire aucuns regrets (?) des causes verballes ou par escrit, civiles ou criminelles contre toute ordonnance a quoy le Bailly faisant ses chevaulchees pour tenir ses assises a de coustume prendre esgard mesmes aux malversations et abus commis en l'exercice de la justice ce qu'estant..... au Bailly je laisse a penser combien ils se feront de bons fours (tours?) Toute l'utilite qu'il se peult alleguer en cest endroist combien qu'il y en ayt peu et que *in rebus novis constituendis esse debeat ut recedatur ab eo jure quod jamdiu.... visum est* dict le Jurisconsulte *de constit. principum,* cest que les officiers resideront sur le lieu, qui est la principalle occasion que prend Monseigneur de Lassaulx pour innover ceste chose voulant gratiffier deux personnes seullement qui sont le lieutenant de Chalon (Chatillon?) sur Loyre et le lieutenant du Moulinet desquelz s'il fault examiner les qualitez, l'un et l'autre se trouveront non residentz......................
....

quant aux aultres comme de Souchamp, Auton, ils ne sont graduez dont il sort un aultre inconvenient qui est que si en jugeant quelque proces ils font grief a l'une des parties lesquelles a ce moyen les vouldroient prendre a partie mon dit seigneur en seroit tenu par le mal juge de son officier et en payeroit l'amende suyvant l'ancienne ordonnance....... aux dits....... publiee en l'an 1564 au mois de décembre. Et pourtant la juste cause a este observee (?) de tout temps que ils seront tenu de rapporter les proces a juger au Bailly qui assemble les advocats doctes. Voyez, s'il vous plaist, l'ordonnance art. 27 qui est expresse pour ce faict. Pour le regard des procès rapportez à l'assize du Bailly encores qu'il soit besoing de reglement toutes foys il est notoire que le Bailly les doibt juger, ordonner de la visitation et distribuer les espices, mais d'aultant que mon dit oncle n'est par aventure oublie en cest endroit, voila la raison pourquoy

l'on vouldroit nous (?) diminuer cest estat de Bailly combien que nous n'en pouvons mais. Je laisse a juger combien en plus grande crainte se contiennent les subjects quand ils ont un juge qui les reveoit quelques foys l'an, faict perquisition des abus et corruptions en la justice a laquelle il est commis et compose. De sorte qu'il n'est a croire que le Roy vueille user de ceste façon que je vous ay cy dessus dicte envers ses officiers de judicature, quelque chose que l'on disc qu'il y en ait articles dressés pour de (ce ?) faire edict. Car ce seroit introduire une nouvelle sorte d'officiers. Pour ces raisons et aultres que vous pourrez suppléer je vous escris la présente laquelle ferez entendre premièrement a Monsieur de Pimpont de point en point, afin qu'il vous face le plaisir de parler a Monseigneur et le demouvoir de l'opinion qu'il en pourrait avoir par l'indication de son grand vicaire *(grand vicaire* effacé et remplacé par : *aulcun de ses officiers)* lesquels............ en avant. Vous en toucherez aussi à Messieurs du Meswil (?), mesmes a Monsieur l'advocat du Roy a ce qu'il face entendre a mon dit Seigneur le grand inconvenient qui en pourrait advenir comme ainsi soit qu'auparavant le baillage ayt este tousjours fort bien exerce par feux Monsieur Challopin et deffunct notre pere et je croy (?) que pour le rang que tient mon dit Seigneur et l'advocat du Roy en la court il sera rien en ce....... en dira, luy ayant remonstre que nous y avons grand interest. Et d'aultant que je crois (?) que mon dit Seigneur s'en parte...... de Paris ou est la meilleure part de noz bons seigneurs et amys a ce...... je vous prie faire despescher cest appel le plustot que vous pourrez.............
....

(Viennent ensuite quelques lignes absolument illisibles, mais où l'on distingue à peu près certains noms propres ; c'étaient sans doute les noms des personnes auxquelles cette lettre devait être lue ; nous aimons à espérer qu'elle fut plus compréhensible pour elles que pour nous.) (1)

D'Orleans ce xx le febvrier 1567. Votre frere et bon amy, Fr. Daniel.

A Monsieur

Monsieur Daniel advocat en parlement a Paris.

VIII.

Les quelques pièces de vers de François Daniel qui suivent sont extraites du vol. W. 103 de la Bibliothèque

---

(1) Nec non in fine, dit M. Hagen, *aliquot in margine addita sunt, quæ et ipsa ægre leguntur ; quibus meræ salutationes quibusdam amicis scriptæ contineri videntur, nec non Hotomanni mentio fit.*

de Berne ; elles sont écrites de sa main sur l'un des feuillets de garde.

In lepidum quemdam Sacerdotem f. d. (Franc. Daniel).

Bacchanalia cum forent peracta,
Cum luxus foret et dapes remotæ,
Quibus tota solet dies dicari,
Quidam postridie vocare amicos
Ad cœnam voluit bonus sacerdos
Et mensas famulum parere jussit
Extructas : lepores, capos, columbos
Hinc inde attulit. Advenere præsto
Convivæ ; accubitum datumque quicquid
Extructum fuerat dapum quibusque.
Frustatim lepidus secat minister.
Sed cum ipse attonitos videret illos
Et cibos esitare pertimentes,
Cibos, queis neque delicatiores,
Nec possis reperire suaviores,
Dictis talibus increpat :
    Quid isthuc,
Amici ? Dubitatis esculentis
Vesci hoc tempore carnibus ? Velutne
Sacris parcitis, an malo inquinatis
Veneno statuistis abstinere
Vestra inscitia ? Num in mea putatis
Potestate situm, cibaria isthæc
Commutare quibuslibet marinis
Piscibus, cui vel subinde promptum est
Nudo ex pane Deum creare vivum ?
Ut formam tamen et suum saporem
Aspectu videantur atque gustu
Hi cibi retinere, vel potestis
Ipso in pane videre, qui priorem
Nunquam vel speciem suam aut saporem
Mutat, cum Deus ipsemet tamen sit !
Hac satis ratione fecit illis
Dum pleno ore sibi movet cachinnum
Duplici tamen eleganter illos
Tunc superstitione liberavit.

Le sens de ce morceau est tel, ajoute le Professeur de Berne : un prêtre invite ses collègues à manger de la viande un jour de jeûne, et les y engage en s'appuyant sur ce fait que du moment où il peut changer du pain en Dieu, il peut encore davantage, toujours sans que l'apparence en soit modifiée, changer cette viande en poisson.

In Pontifices.

Flumen apud superos nullum. Quid pontibus ergo
Est opus, aut quid opus denique pontifice?
Sed cum apud Infernos sint plurima flumina, quidni
Illi habeant pontes pontificesque suos?

Ænigma de sex Guisartis fratribus.

Sex aluit catulos sceva de stirpe luporum
Gallia jam, quorum est insatiata fames.
Expulit illa canes patria de gente fideles
Custodes ovium : villicus huic patitur.

Nous ne pouvons résister au désir de rapprocher de l'énigme qui précède le quatrain populaire contenant une prédiction dont François Ier avait « honoré » les Guise, et qui montre en effet combien ils étaient honorables. Vu le rôle qu'ils ont joué dans notre histoire générale, et aussi dans l'histoire d'Orléans, il n'est pas indifférent de les connaître. D'ailleurs, comme on l'a dit, la justice de l'histoire est d'infliger le souvenir.

Le feu Roy devina ce poinct
Que ceulx de la maison de Guize
Mettroient ses enfants en pourpoinct
Et son pauvre peuple en chemise.

Et M. Charles Read (Introduction au *Tygre* de 1560, Paris 1875) après avoir cité ce quatrain ajoute : « L'his-
« toire ne saurait en effet reprocher aux Guisards d'avoir
« reculé devant aucun des moyens qu'ils purent croire
« propres à servir leur ambition. S'ils ne sont pas parve-
« nus à usurper la couronne, ils ont du moins pleinement
« réussi à mettre « en pourpoint » les derniers Valois, et
« en chemise » le pauvre peuple, qui dut à leur faction

« persévérante quarante années de troubles, de misères et
« de deuils. » (Cf. *op. cit.*, p. 1 et 2) (1).

De Romano Pontifice.

Omnia pontus erat, ponti sunt omnia, jam fæx
    Et pejus rediit, quam fuit ante, chaos.
At prius et cessu pontus, fæx cedat utroque,
    Sic cedente potest prorsus abesse chaos.

Ex Theodeati Grœco. f. d. (Franç. Daniel).

Nuptiis similis senecta res est :
Ambas nam cupide adsequi studemus
Tristamur tamen hanc utramque nacti !

Idem.

Conjugium res est similis facienda senectæ :
Nam studio cupimus laeti confingere utrumque
Atqui tristamur, sumus has cum postea adepti.

Idem.

Conjugium et senium par est : nam optamus utrumque;
    Cum sumus hæc nacti, tristitia afficimur.

Ex Gallico Sangelasii.

Visne amore frui beatiore ?
Nec servire decet nec imperare,
Hoc tyrannide non caressit unquam,
Illud non sine sæpius querela est.
Verus fructus amoris et voluptas
Omnis pendet ab aequitate sola,
Quando uterque jubet simulque servit,
Et, quantum petit usque, et usque donat.

---

(1) Voy. encore, sur le quatrain anti-guisard, le même ouvrage, p. 113. Peut-être serait-ce Charles IX lui-même qui l'aurait composé, mais avec quelques variantes dans les mots. — A la page 91, M. Ch. Read cite cet autre quatrain sur les Lorrains :

    Si voulez de vostre renom
    Tost avoir certaines nouvelles,
    Ostez un I de vostre nom,
    Et transposez les deux voyelles.

In laudem Caroli cardinalis Lothareni.

Ecclesiæ bonus es pastor nec sanguine gaudes,
    Carole, dum Gallis hoc parit invidiam !
Relligio tibi sit curæ nec desine cœptum,
    Carole, sed multis sunt mala, quæ bona sunt !
Pontificem bene non regem scis gerere (*in marg.* fingere) pacem,
    Querere non bellum quis modo conqueritur ?

De morte Francisci 2 Gall. regis. Fran. Daniel.

    Dum civilibus usquequaque bellis
    Sævit Francia Franciæque princeps
    In plebem capit arma Christianus
    Et cives sibi subditos, futuram
    Ceu prædam, hostibus objicit vorandos
    Barbaris, memor haud bene ultionis
    Proximæ, miser huic teterque morbus,
    Ecce ! corripit et diem supremum
    Adfert : Jam meditare, quisquis es tu,
    Qui reges superis diis adæquas,
    Quam potentior est manus supremi
    Atque exercituum Dei et suorum
    Quam prudens bene prespicit salutem.
Obiit nonis decembris 1560. Aureliæ.

Ces vers ne font-ils pas penser à l'ingénieuse transformation d'Orléans en « *rattouëre* » imaginée en 1560 par le cardinal de Lorraine ? A combien de gens, y compris le Prince de Condé, la mort du Roi ne sauva-t-elle pas la vie !

IX.

Ch. Perrot à P. Daniel.

(Cod. Bern. 141 n° 201). Petro Danieli C. Perrottus S. Vide, quantum tibi, Daniel, a me tribuatur, dum tandiu te moror et adventitiam cessationem meam ipse quodammodo protelo. Datæ erant ad nos litteræ tuæ te omnino dignæ circiter Cal. Octobr. Vetus est memoria, consules novi ! Redditæ vero nobis tandem vix tale quicquam cogitantibus ad Febr. nonas cum eleganti illo tuo Querolo, quem toties jam revolvi tam gratus, ut plurimam te a me vel eo solo nomine gratiam iniisse lubentissime fatear. Et eum adhuc non sine tuis illis notulis apud me habeo perpetuum sane eruditissimæ tuæ mecûm necessitudinis laudatorem. Sed quæ potest his rebus inesse fides aut color, qui toto trimestri fere a scribendo adhuc abstinui, quo maxime officium hoc a me desiderari poterat? Nihil hic frustra ponam, quod perperam a me factum elevet. Nam et illud potius libere præ me fero: nisi aliunde occasio ista oblata esset, prorsus omnino ad peremptorium usque merum agi sivissem, quæ mea pigritia est atque eleganter scribendi, ut te decet, ἀπειροκαλία. Collatio igitur operæ alienæ cum tua hoc a me litterarum agente aliud interea extorsit, nempe Burrarum, Quisquiliarum, ineptiarum Tricassii tibi non ignoti, qui nihil fere non eo titulo dignum aspersit duobus ex forma libellis præter Danielis nomen, cui sane plus multo tribui par esse censeo ex restituto utcunque obscuro quodam Plauto, candide et sobrie tamen et docte plurimum, quam ex tot desultoriis nugis Tricassinis, quæ nos ab Iberarum naeniarum labore vicinitatis causa plurimum sublevarent. Nam et plurimum nostra intererat scire, Tricasses olim commendatos indice nominis mero et lupum ovibus illius regionis suo quodam seculo præfuisse, quale portentum sensus communis refelleret, nisi dextre acciperetur. Et veterum idolorum nunquam satis damnata memoria, insana restituta ἀπραγμοσυνη et quid non præterea simile? Quasi non ante aliquot dies Neustrius ἑλληνοφιλοσομανης satis importunum Hydræ caput duodecim libris exeruisset quæ totidem fere sunt βορβορίσματα! Vix enim scio, an per istos aliquando nobis alius rudimentorum auctor salvus constare possit: nil adeo non novis intellectibus reponunt. Quasi aut nostras omnino litteras reformaturi sint, aut novum omnino sæculum eruditionis inconditissimæ edituri. Pertinet vero ad exemplum tuus Querolus, cujus instituto si qui præterea aut ignoti auctores publicum juvare possunt aut recepti jam minus puri aut faciles extant, iis tu repurgandis, Daniel, atque declarandis seriam operam collocare debes, si, ut ait ille, vis audere munus Apolline dignum. Nam aspersiones istæ ad tot scriptorum genera, dici non potest, quam sint intolerandæ. Fere enim ex ineptiis libris procuduntur vocabula et ea etiam tam trepida, ut vix momento usum peritorum atque vultum ferant. Sed bene est prorsus illud, quod longe præstantiora jam ostentant ejusmodi congerrones, si locus semel istis fiat, quæ Italos etiam ipsos, a quibus hæc traditionum κακοηδεία obrepsit, subsannatores mihi quidem latura videntur omnino. Parcius multis modis atque siccius hæc ad te pro temporis causa, nescius ne esses, quid mihi esset in his rebus judicii, quas plerique ad nos pervenire vix putant tanquam mellitissimorum omnium expertes. De te aliquid certo intelligere ac de fratre optimo vehementer cupio. Nos hic ex voto agimus τῷ Κυρίῳ δουλεύοντες. Vale et hospitem illum tuum cum sua causa, si est semper idem, mihi cum fratre saluta. Nonis Maii 1565.

Il est possible que cette lettre ait été écrite de Genève où le conseiller Perrot dut se réfugier avec sa famille pour cause de religion. En tous cas les trois derniers mots grecs suffiraient à montrer que l'écrivain était réformé.

X.

Théodore Canter à P. Daniel.

(Cod. Bern. 141, n° 211). Ægre, sat scio, feres, nec injuria, amicorum optime, meum tam diuturnum silentium, utpote qui tuorum in me beneficiorum plane oblitus videri possim. Sed si sæculi nostri rationem habueris, non erit, opinor, quod mihi succenseas. Animus enim mihi idem erga te, qui fuit semper. Quare ulterius scribendi officium differre nolui. Magnopere enim scire desidero, quid, ubi et quomodo agas, similiter et quid agat communis noster amicus ac patronus D. Pimpontius, cujus jam elucubrationes in Virgilium Plantinus noster sub prelo habet. Nec minus, quid rerum agat Auratus noster. Videor autem mihi nuper invenisse Xysti vel potius Sixti Pythagorici enchiridion sententiarum Græce, sed suppresso nomine, quare velim, si alicubi Latinum exemplar invenire possis, ut ad me transmittas, ut possim conferre. Hic enim exemplar nullum invenire possim. Quod si feceris, rem mihi longe facies gratissimam. His vale et saluta nobis quam officiosissime D. Pimpuntium et Auratum, et reliquos amicos. Raptim ex tempore. Datum Ultrajecti anno 1570 in festo Jacobi. **Tuus ex animo. Theod. Canterus.**

XI.

Trois lettres de G. Vaillant de Guellis à P. Daniel.

(Cod. Bern. 141, n°ˢ 190, 191, 192). — Monsieur Daniel. Vous avez donné meilleur ordre a notre petit labeur poetic et ce qui en dependoit, que je n'eusse peu pourveoir moi-mesmes, et vous en rends graces infinies jusques a ce que present, je les reitere, et rembourse vostre advance. Je suy fort aise de la promotion de la tumbe fraternelle et de mon epitaphe sans lequel ou aultre mes parents me sembloient ἄδαπτοι καὶ ἄκλαυστοι. Pour le regard de Plantin, je nay jamais entendu que vous refusissiés de luy *honorarium*, mais seulement vous admonester de ne vous roidir pas trop contre ses offres. J'escripts a Monsieur Gassot, qui faict la charge de Monsieur de Villeroi, pour luy faire expedier le privilège, m'estant tant promis de l'amitié du dit sieur Gassot aux lettres et à moi, que sans aultre circuit ny prehensation il faira depescher toujours celluy que le Sr Gilles y vouldra envoier du moins a peu de frays, et sans transporter à la court l'exemplaire imparfaict, ma lettre au dit S^r est a cachet volant, i. e. exemptile, vous la lirès, s'il vous plaist, au dit Sr Giles, et lui baillerès. Les œuvres de Jodelle sont désirées des nymphes mes voisines. Chesneau m'en doibt fournir, s'il vous plaist l'en ramanteveres. Nous sommes icy en effray et allarme des reitters approchantz la Sologne. Je prie Juppiter que la barbarie et Χαλύϐων omne genus pereat, parce que j'ay oublié tout l'allemant de Melchior. Si vos affaires le permettoient vous nous y pourries servir de truchement, aux chairges que je vous ramencrois. Je me recommende humblement a votre bonne grace, Mademoiselle Lambin, Messieurs du Puy et de Mong.........................

Du bourg ce 23 Octobre 1574. Vostre ancien amy et serviteur, G. Vaillant de Guellis.

A Monsr

Monsieur Daniel, advocat en la Court. Au logis de Mad^{elle} Lambin, pres la porte St-Victor, à Paris.

N° 191. Monsieur Daniel. Vous vous estant de peu de lieues approché de moi, avès d'aultant plus irrité mon désir de vostre présence, me ramantevant l'amie d'Aristophane qui se moustre a son serviteur par la fenestre, comme ung esclair et se retyre. Euripides dict aussy que quand les dieux veulent tormenter d'adventage les hommes, ilz leurs approchent et monstrent seulement la bonne fortune, et soubdain la retyrent. La Sologne n'est pas assès martial pour vuider ce different, nous en parlerons au Pré aux Clairs (sic) a la premiere occasion, cependant j'acheveray mon entreprise soubz la bienveillance des Muses, et vous enverray plus tost par homme expres ce que m'avès envcie avec le surplus, n'aiant depuys mon arrivée en ce lieu, vacqué guieres a aultre chose qu'au parachevement d'ung poëmation, sur lequel je me suys denaturé et duquel je vous escripois davant hier par le messager du Leuroux. J'attends votre advis et responce en bonne devotion a ma dite lettre que vous trouverès a vostre arrivée. Je ne veulx pour vous hoster (sic) opinion de paresse de mon costé, oublier vous dire que vos lettres du 8e de ce mois ne sont venus a moi que ce seoir assès tard. Je vous en remercye toutesfois et me recommende a vostre bonne grace et prie Dieu vous donner, Monsieur Daniel, prosperité. De votre Bourg ce seoir XI Septembre 1574. Vostre entier amy et serviteur, G. Vaillant de Guellis.

A Monsieur Fougereux chanoine d'Orleans. Au cloistre Saincte-Croix, pour faire tenir à Monsieur Daniel, advocat en la Court de parlement à Paris. A Orleans.

N° 192. Lettre de G. Vaillant de Guellis à P. Daniel. — La fin de cette lettre manque, par conséquent aussi la date et la signature.

Monsieur Daniel. Le tout de vos lettres du 20 de ce mois ma pleu, hors mis qu'elles ne parlent d'user de l'occasion des vacons (vacations) et de nous venir veoir, a quoi si quelque dieu vous pouvoit inspirer, vous remporteriès, s'il vous plaisoit, la dernière main de mon labeur. Entre ceste paour et esperance je vous mercye infiniment de la discussion que vous aves faicte avec le Sr Morel, ayant advisé selon sa resolution vous envoier mes vers pour salutation du roi, par ceste depesche, avec praefation et protestation, que je vous ay tousjours estimé non-seulement pour homme studieux, mais comme personne practique et de bon jugement, pour vous prier sur ceste confiance, de lire attentivement mes dits vers, pour apres resouldre de les faire imprimer ou supprimer. Ma raison de doubter n'est poinct que la philautie m'aveugle tant que je ne les tienne pour numereux et d'invention non gauffe (?), mais parce que je recognois y avoir aspergé quelque peu de mallice (sans licence ny prurit aulcun toutesfois) et que quelques ungs peignent nostre bon prince retourné avec sévérité au dessus de son aage, je craindrois de sembler avoir trop faict le privé par mes vers. Pour ceste umbre que j'entyre, je vous prie assembler l'advis de messieurs de Rieux et Brysson avec le vostre pour les evulguer ou retenir a vos discretions, et constituer sur le tiltre en cas de promulgation, c'est a dire, si les lettres capitales de mes noms suffiront, sans les exprimer en long. L'advertyssement que ma faict monsieur Amadis, que notre dit Seigneur roi attendoit quelque chose de ma sylvestre muse, ha ung peu advancé ceste depesche, tant pour ce que dessus, que aussy vous advertyr que jay addressé mondit poëmation à Monsieur le Cardinal, comme vous verrés par l'epistre liminaire, pour n'avoir aultre moyen de luy faire recognoissance de l'honneur qu'il luy ha pleu me faire en plusieurs lieux et saisons de son instinct et mouvement à moi absent et [par?] trop infrequent des grands, ad *(sic)* ce que si le dit poeme se doibt imprimer, vous donnies ordre, s'il vous plaist, que monsieur d'Ursines chanoine de Paris, avant que le livret se publie, ayt loisir d'en faire tenir a mon dit Seigneur Reverendiss. en court, ayant le dit S^r d'Ursines entendu ja quelque chose de mon intention, sur ce faict. Il y ha plus de 15 jours que par ung passant disant aller à Bourges, j'addressay à Monsr le Prevost Gassot la premiere main de mon dit eidyllie pour faire tenir a Monsieur Gassot en court secrétaire du roi, mais depuys ceste chaulde depesche, jay augmenté les dits vers du double et trop embelli si me semble, et si je ne scay si le dit pac-

quet aura pervenu jusques a son addresse, en tous cas, il ny avoit
ny........ de dedicasse, ny le poëme complet, que je le pense......
....

XII.

Cette lettre est la xvie de celles qu'a publiées M. Hagen.
Elle est extraite du Cod. Bern. 141, où elle porte le n° 103.
Une récente publication de M. Doinel, archiviste du Loiret,
ayant rappelé le nom de L. Daneau et donné la preuve
qu'il a bien réellement fait ses études de droit dans l'ancienne Université des Lois d'Orléans, nous avons pensé
qu'il ne serait pas sans intérêt de reproduire ici une lettre
de lui à son ami Pierre Daniel.

P. Danieli suo L. Danæus in Christo S. P. D. — Relegeram non
modo δεύτερον, sed sæpius Plauti tui Querolum, mi Daniel, sed ut
attentius et diligentius eundem recenserem, fecit postrema tua epistola. Quanquam enim is est scriptoris lepos et fabulæ ejusmodi sales,
ut etiam invitum cogant et lubentem retineant, tamen quid non precibus tuis concederem, quando nihil est aequius, quam me tibi mutuas
operas præstare, qui in meis rebus procurandis neque labori neque
industriæ tuæ peperceris. Ac certe primum avide tanquam diuturnam
sitim explere cupiens legeram (jampridem enim a me exspectabatur
hic tuus Querolus) neque quicquam aliud observaram, quam quod de
verbo « inturare » te monueram literis. Sed cum placuisset liber,
relegi scrupulosius neque prætermittere constitui quicquam, quod
non caperem, quantum possem, animo et cogitatione. Quæ res effecit,
ut annotarem multa, quæ non nisi emendata vel intelligi vel probari
mihi non viderentur posse. Quæ ego ad te mitto omnia ; rationes
addidi, quæ percurrenti et tanquam alio festinanti tamen statim
occurrerunt, de quibus a te calculum ferri cupio. Jampridem huic
literarum generi vale dixi, quemadmodum aiunt, et hærent tantum
tanquam de antiqua memoria quædam. In Epiphanis autem tuo perlegendo et observando spero me fore diligentiorem Eas autem annotationes nostras in tuum Querolum edine velis vel (?) sit operæ pretium,
esto tuum omnino liberum judicium. Si edantur, addetur aliquid gratiæ novo auctori, qui jam pluribus placuisse apparebit. Quibusdam in
locis a te dissentio. Tu, quid placeat, videbis. Annotationes istas in
mundum, ut aiunt, redigere non potui, innumeris pene meæ λειτουργίας

occupationibus distractus (1). Tamen legi possunt et facile describi. Si quo in loco me honorifice appelles in iis, quæ a me excogitata sunt, non displicet et proderit fortasse, quanquam ego ejusmodi non sum appetens laudis. Utcunque epigramma Latinum scripsi, quod in editione secunda tuo operi et Querolo præfigi, si placet, velim cum nominis mei adjectione, uti infra transcriptum invenies. De locis communibus alias tecum agam. De commentariis in jus civile, fortasse non erit illud scripti genus multis inutile, et scio placuisse quibusdam. Illa dico commentariorum genera, unum de jurisdictione, alterum de feudis ; tertium de repudio etc. abortivus partus est. Plura ad te scribere parantem mille negotia distrahunt et interpellant. Itaque finem faciam. Vale, Deus te servat incolumem ! Uxor mea te salutat quam officiosissime. Gratias habeo ingentes ob conjectanea Josephi Cæsaris: sunt illa docta et variæ lectionis plena. Iterum vale. Datum 4 Non. Octobr. Tuus ex animo et ex asse Danæus.

(1) Lambert Daneau exerçait le ministère à Gien. C'est cette circonstance qui, jointe au contenu de la lettre, nous a fait dire plus haut que cette lettre avait dû être écrite de Gien, et en 1564.

www.ingramcontent.com/pod-product-compliance
Lightning Source LLC
LaVergne TN
LVHW020041090426
835510LV00039B/1365